**Lebensmittelindustrie und
lebensmittelrelevante Wissenschaft
in Berlin und Brandenburg**
Bestandsaufnahme • Kooperationspotenziale • Innovationsnetzwerke

TSB Technologiestiftung Innovationszentrum Berlin
(Herausgeber)

Lebensmittelindustrie und lebensmittelrelevante Wissenschaft in Berlin und Brandenburg

Bestandsaufnahme • Kooperationspotenziale • Innovationsnetzwerke

Christian Hammel

Edition StadtWirtschaft

Über den Autor

Dr. Christian Hammel ist seit 1997 bei der TSB Technologiestiftung Innovationszentrum Berlin als wissenschaftlicher Mitarbeiter tätig und befasst sich unter anderem mit der Bewertung von Innovationsfeldern nach ihrer Eignung zum Aufbau regionaler Kompetenzzentren. Seit 2000 leitet er die Geschäftsstelle des Zukunftsfonds Berlin.

Geboren 1965 in Weinheim an der Bergstraße wuchs er in Pforzheim auf, wo er 1984 sein Abitur ablegte. 1991 schloss er sein Studium an der Freien Universität Berlin als Diplom-Biochemiker ab. Fünf Jahre später promovierte er am Hahn-Meitner-Institut Berlin über die Analytik von proteingebundenem Selen.

Herausgeber

TSB Technologiestiftung Innovationszentrum Berlin

TECHNOLOGIESTIFTUNG
INNOVATIONSZENTRUM BERLIN

Umschlagfotos

Bestimmen der Druckverteilung zwischen verpackten Äpfeln mit einem Foliensensor, Frischebestimmung bei Möhren: Institut für Agrartechnik Bornim (2003); Aromakonzentrierung bei der WILD Flavors GmbH & Co. KG (2003); Herstellung von Tiefkühlpizza bei der Freiberger Lebensmittel GmbH & Co. (2003); Labor im Deutschen Institut für Ernährungsforschung Potsdam-Rehbrücke (P. Döring, 2004)

Umschlaggestaltung
Buchbinderische Verarbeitung

Hans Spörri
Stein + Lehmann

© 2004 REGIOVERLAG Dr. Peter Ring, Berlin
Joachim-Karnatz-Allee 7
10557 Berlin (Mitte)
fon +49 30.31 86 74 40
fax +49 30.31 86 74 44
info@regioverlagberlin.de

Redaktion: Katrin Herzog

ISBN 3-929273-51-9

Vorwort des Herausgebers

Die Technologiestiftung hat mit der vorliegenden Studie das Thema Ernährung wieder aufgegriffen, das bereits 1998 in der RITTS Studie als ein mögliches, aussichtsreiches Thema für die Region angesehen wurde. Bereits damals gab es Hinweise, dass durch gezielte Vernetzung von Wissenschaft und Wirtschaft die Innovation auf diesem Gebiet verstärkt werden könnte, und damit auch die Wettbewerbsfähigkeit und das wirtschaftliche Wachstum. Auf Seiten der Wissenschaft ergäbe sich wiederum die Chance einer Erhöhung der Drittmittel-Akquisition. Die vorliegende Studie geht dieser Fragestellung im Detail nach und gibt Empfehlungen an die Beteiligten, mit welchen Maßnahmen Innovationen im Bereich der Lebensmittelherstellung gefördert werden können. In dem sich dieser Evaluierung anschließenden Diskussionsprozess der Akteure aus Wissenschaft, Wirtschaft und Politik kommt es darauf an, die als erfolgreich angesehenen Schlüsse gemeinsam umzusetzen. Die Landesregierungen von Berlin und Brandenburg haben darüber zu entscheiden, wie sie diese Vorschläge umsetzen, wen sie mit der Umsetzung beauftragen und wie sie ein tragbares finanzielles Konzept entwickeln.

Die TSB hat bei der Beschäftigung mit den industriellen und wissenschaftlichen Aspekten von Lebensmitteln eine Industriebranche angetroffen, die wirtschaftlich stärker und für die Region wichtiger ist, als zunächst erwartet. Obwohl die Ausgaben der Branche für Forschung und Entwicklung ausgesprochen gering erscheinen, erwies sich die Branche doch als innovativer als man den rohen Zahlen zunächst ansieht. In der Wissenschaft wurde eine Forschungslandschaft angetroffen, die an Qualität und Themenreichtum mit jedem anderen Forschungsstandort in Europa mithalten kann. Die TSB hat aber auch feststellen müssen, dass die Potenziale für gemeinsame Innovationen aus Wirtschaft und Wissenschaft leider geringer sind, als wir uns zunächst erhofft hatten. Dies liegt zum Teil am unterschiedlichen Forschungsniveau der Beteiligten, zum Teil an den hohen Kosten der Forschung, zum Teil aber auch an bisher kaum etablierten Kooperationsstrukturen. Zumindest die letztgenannte Ursache lässt sich durch Netzwerkbildung abstellen. Die Region als Standort der lebensmittelrelevanten Wissenschaft hat die gleiche Eigenheit wie als Forschungsstandort zu anderen Themen: Der Außenauftritt und die Wahrnehmbarkeit des Standorts in Politik, Industrie, Wissenschaft und Öffentlichkeit sind nicht auf dem Niveau, auf dem die wissenschaftliche Tätigkeit stattfindet. Auch diese Schwäche des Standorts lässt sich abstellen.

Zuletzt noch ein Wort aus meiner persönlichen Sicht: Als langjähriger Mitarbeiter und Leiter der Entwicklung von Flugzeugtriebwerken bin ich andere Innovationsmethoden gewohnt, als sie in der Lebensmittelindustrie üblich sind. Trotz eines hochkompetitivem Wettbewerbsumfelds hat es die Triebwerksindustrie immer geschafft, sowohl in der vorwettbewerblichen Forschung als auch in der gemeinsamen Entwicklung eines Triebwerks vertrauensvoll zusammenzuarbeiten, wenn die extrem hohen Entwicklungskosten die finanziellen Möglichkeiten eines einzelnen Unternehmens überstiegen. Vor diesem Hintergrund sind mir der hohe Status der Geheimhaltung im Lebensmittelsektor und die geringe Bereitschaft, mit anderen Firmen aber auch mit der Wissenschaft zu kooperieren, fremd. Ich bin jedoch überzeugt, dass in Bereichen wie der Entwicklung von Functional Food mit wissenschaftlich nachgewiesenen Wirkungen ein Einstieg für den Mittelstand angesichts der hohen Entwicklungskosten nur durch gemeinschaftliche Forschung und Entwicklung möglich sein wird, deren Ergebnisse durch Patente vor Dritten geschützt werden. Mittelständische Unternehmen, die sich dieses lukrative Geschäftsfeld erschließen wollen, werden deshalb kaum um die Etablierung kooperativer Innovationsstrukturen untereinander oder einzeln mit einem der Großen herumkommen, wollen sie den Markt nicht vollständig den Global Playern überlassen oder sich auf geringerwertige Produkte beschränken.

Berlin im Februar 2004

Prof. Dr.-Ing. Hanns-Jürgen Lichtfuß

Vorstand der TSB Technologiestiftung Innovationszentrum Berlin

Inhalt

Zusammenfassung

Die vorliegende Studie identifiziert die Themen Obst und Gemüse, Ballaststoffe, schnelle Sensorik für die Produktion, Sensorik zur Charakterisierung von Geruch und Geschmack, allergiesichere Lebensmittel und einige Nahrungsergänzungsmittel als Themen, bei denen eine Vernetzung zwischen Wirtschaft und Wissenschaft erhebliches Potenzial zur Verbesserung der Wettbewerbsfähigkeit und der Wachstumschancen in der Lebensmittelindustrie beizutragen und die Wissenschaft die Chance hat, industrielle Drittmittel einzuwerben.

Bei diesen Themen existieren von der landwirtschaftlichen Produktion über die Verarbeitung bis zum Verbraucher sämtliche Elemente der Wertschöpfungskette in der Region. In der Industrie wird darüber hinaus intensiv an Prozessinnovationen aus der Produktionstechnik und an Fragen der Lebensmittelsicherheit gearbeitet. Die Forschungsinstitute konzentrieren sich auf Themen aus dem Bereich der Nutrigenomforschung, des Wirksamkeitsnachweises von Functional Food, eine Reihe bio- und gentechnische Themen sowie auf ingenieurwissenschaftliche Themen der Lebensmittelverarbeitung, des Gartenbaus und der Agrartechnik.

Berlin-Brandenburg ist als Standort der Lebensmittelindustrie nicht von überregionaler Bedeutung; die Lebensmittelindustrie ist aber in beiden Ländern einer der wichtigsten Wirtschaftszweige - mit 25.000 Beschäftigten und rund 6 Mrd. EUR Umsatz pro Jahr. In allen zugehörigen Branchen sind einzelne sehr starke Großbetriebe anzutreffen, die Branche ist aber insgesamt von kleineren und mittleren Unternehmen geprägt. Handelsmarkenhersteller und Produktionsstätten großer Konzerne betreiben relativ wenig Innovation in der Region, mittelständische Unternehmen sind oft innovativer, bedienen sich aber dabei nur zu einem geringen Anteil der wissenschaftlichen Einrichtungen der Region.

Die wissenschaftlichen Einrichtungen der Region Berlin-Brandenburg sind in der lebensmittel- und ernährungsrelevanten Forschung einer der bedeutendsten deutschen Forschungsstandorte. Die Region um Potsdam hat dabei ein mehr grundlagenorientiertes, biowissenschaftlich geprägtes Profil. In Berlin ist das Profil der Forschungslandschaft verarbeitungsnäher und stärker ingenieurwissenschaftlich und veterinärmedizinisch geprägt. Die Wissenschaft der Region wird außerhalb der Region als starker Wettbewerber wahrgenommen, der international konkurrenzfähig ist.

Die vorliegende Studie empfiehlt den Landesregierungen von Berlin und Brandenburg, die genannten Vernetzungspotenziale zu nutzen und gezielt zur Generierung von regionalem Wachstum zu fördern. Außerdem empfiehlt die Studie, die Stärken der Wissenschaft rund um das Thema Functional Food stärker überregional zu vermarkten, um mehr Kooperationsprojekte mit den Global Playern der Lebensmittelindustrie zu akquirieren. Den Akteuren aus der Wissenschaft empfiehlt die Studie, den Wissenschaftsstandort Berlin-Brandenburg gemeinsam als Forschungsstandort aus einem Guß darzustellen und zu vermarkten, der alle Kompetenzen rund ums Lebensmittel bietet, um ihn stärker ins Bewusstsein von Politik und Öffentlichkeit zu bringen. Der Wirtschaft empfiehlt die Studie, die Kompetenzen der Wissenschaft stärker zur

Innovation von Produkten und Prozessen zu nutzen, um ihre Wettbewerbsfähigkeit zu erhöhen. Die Studie kommt zu dem Schluss, dass durch eine gezielte Förderung von Innovation bei regionalen Themen innerhalb von zehn Jahren mindestens 900 industrielle Arbeitsplätze, zusätzlich zu konjunkturbedingten (2.500 Arbeitsplätze pro 1% Wachstum) oder trendbedingten Arbeitsplatzeffekten neu geschaffen werden könnten. Dabei sind Effekte in der Wisssenschaft nicht eingerechnet. Vor dem Hintergrund dieser Potenziale wird den Beteiligten empfohlen, einen geeigneten neutralen Moderator zu identifizieren und diesen mit Vernetzungsaufgaben und einer besseren Außendarstellung zu beauftragen.

1 Einleitung

1.1 Die Technologiestiftung Innovationszentrum Berlin

Die TSB Technologiestiftung Innovationszentrum Berlin ist eine gemeinnützige Stiftung bürgerlichen Rechts. Sie hat den Satzungszweck, die Wissenschaft zu fördern und geht dieser Aufgabe unter anderem dadurch nach, dass sie in ausgewählten Themen Netzwerke und Kooperationen zwischen der Wissenschaft und den Unternehmen der Region anregt und fördert. Auf diese Weise soll einerseits den Unternehmen der Zugang zu den Ergebnissen der Forschung erleichtert, andererseits der Wissenschaft durch die Kooperation mit der Wirtschaft zu Praxisimpulsen und Drittmitteln verholfen werden.

Die Auswahl der von ihr unterstützten Themen nimmt die TSB selbst vor. Sie betreibt diese Auswahl in ihrem Kuratorium gemeinschaftlich mit Wirtschaft, Wissenschaft und der Landesregierung von Berlin, die im Kuratorium vertreten sind. Bei der Bearbeitung ihrer Schwerpunktthemen und zur Identifizierung möglicher neuer Themen betreibt die TSB Studien zu verschiedenen Technologiefeldern mit dem Ziel, Vernetzungspotenziale innerhalb dieser Felder zu erkennen. Regelmäßig bearbeitet sie die Innovationsfelder Bio- und Medizintechnik, Verkehrssystemtechnologie und Informationstechnologie. Die TSB hat darüber hinaus in den letzten Jahren Studien verschiedenen Umfangs zu den Themen Innovatives Bauen, Mikrosystemtechnik, Mikroelektronik und Optische Technologien betrieben. Im Rahmen einer Großstudie, dem Projekt RITTS (Regional Innovation and Technology Transfer Studies) hat sie 1998 eine Gesamtbestandsaufnahme der Innovationsfelder der Region vorgenommen und dabei über die bereits genannten Themen hinaus auch erste Untersuchungen zu den Technologiefeldern Produktionstechnik, Mess- und Regeltechnik sowie Ernährung[1,2] vorgenommen. Das Technologiefeld Ernährung wurde 1998 als möglicherweise erfolgversprechend beurteilt. Mit der vorliegenden Studie greift die TSB die Untersuchung dieses Innovationsfeldes wieder auf.

1.2 Fragestellung und Ziel der vorliegenden Studie

Die Studie geht der Frage nach, ob durch gezielte Netzwerkbildungen, Anregung von Kooperationen oder Förderung von Kooperationsprojekten für die Region Berlin-Brandenburg positive Effekte erzielt werden können. Nach einer Bestandsaufnahme, der Analyse der Bedürfnisse der Beteiligten und einer genaueren Betrachtung der in einer Vielzahl von Schriften regelmäßig als mögliche Wachstumsfelder genannten Themen Lebensmittelsicherheit, Functional Food, Öko und Chancen aus dem EU-Beitritt Polens sucht sie nach Themen und Akteuren, bei denen das Potenzial einer Vernetzung besteht, die über das bereits vorhandene Maß hinausgeht. Die Studie benennt mögliche Maßnahmen zur Intensivierung der Vernetzung und zur Förderung des Innovationsfeldes Ernährung. Schließlich versucht sie zu quantifizieren, welche Chancen für die Region in einer gezielten Förderung der zuvor identifizierten Themen liegen könnten.

2 Methode

Die wichtigste Informationsquelle für diese Arbeit stellten 70 Interviews dar, die in Unternehmen, wissenschaftlichen Einrichtungen und mit Intermediären (Verbände, Kammern u.s.w.) der Region und außerhalb der Region geführt wurden. Interviews mit Akteuren, die in beiden Ländern einen Standort haben, sind nach dem Ort des Interviews aufgeführt. Da ein Teil der Interviewten um Vertraulichkeit gebeten hat, wird nicht auf Einzelinterviews Bezug genommen. Den Interviews lag ein Leitfaden zu Grunde, der die Themen „Innovation", „Eigenes Innovationsverhalten und Innovationsverhalten der Branche", „Kooperationen", „regionale Stärken und Schwächen", „Innovatoren und Netzwerke in der Region" zum Inhalt hatte. Die Gesprächsteilnehmer wurden aufgefordert, auch eigene Vorstellungen und Themen anzusprechen, die nicht explizit Gegenstand des Leitfadens waren. Außerdem wurde eine Vielzahl von Einzelveröffentlichungen einzelner Unternehmen und Verbände ausgewertet. Da einige Betriebe auch bereit waren, Einsicht in Interna ihrer Produktion zu geben, wird aus Gründen des Vertrauensschutzes bei Beispielen in der Regel nicht auf Produkte aus der Region Bezug genommen.

Tabelle 1
Interviews, die im Rahmen der Studie geführt wurden

	Berlin	Brandenburg	Überregional	Insgesamt
Wissenschaft	15	10	3	28
Wirtschaft	12	8	2	22
Intermediäre	8	7	5	20
Insgesamt	35	25	10	70

Die Studie wurde vom Autor selbst durchgeführt und von der TSB finanziert. Ein Sponsoring aus dem Bereich der Lebensmittelindustrie oder aus wissenschaftlichen Einrichtungen fand nicht statt. Die TSB ist auch keinem Lebensmittelunternehmen oder einer speziellen wissenschaftlichen Einrichtung verbunden oder verpflichtet. Sie verfolgt ausschließlich den gemeinnützigen Zweck der Förderung der Wissenschaft und stellt diese Studie an, um zu beleuchten, welche Wachstumsthemen das Potenzial haben, die Wissenschaft der Region stärker mit der Wirtschaft zu vernetzen.

Zum Innovationsverhalten von Industriezweigen liefern im wesentlichen zwei Quellen belastbare Daten: Die SV Wissenschaftsstatistik gGmbH, ein Tochterunternehmen des Stifterverbandes für die Deutsche Wissenschaft, führt in mehrjährigen Abständen Erhebungen über Forschung und Entwicklung in Unternehmen durch und veröffentlicht die Ergebnisse in FuE-Datenreports[3]. Außerdem erscheinen in unregelmäßigen Abständen FuE-Infos mit thematischen

Sonderauswertungen der Daten. Eine weitere Datenquelle ist das so genannte Mannheimer Innovationspanel, durchgeführt vom Zentrum für Europäische Wirtschaftsforschung (ZEW) im Auftrag des Bundesministeriums für Bildung und Forschung (BMB+F). Das ZEW publiziert regelmäßig die Ergebnisse in einem Indikatorenbericht[4] und in branchenspezifischen Branchenreports[5]. Die amtliche Statistik liefert keine Informationen zu Innovationen. Die einzige statistische Behörde, die Auswertungen zu Forschung und Entwicklung anbietet, ist das statistische Landesamt Baden-Württemberg mit einem FuE-Monitor, der Daten aus verschiedenen amtlichen Statistiken mit denen des Stifterverbandes zusammenführt[6]. Der FuE-Monitor enthält Regionalvergleiche, so dass ihm auch einige Regionaldaten für Berlin-Brandenburg zu entnehmen sind. Informationen zu Einzelinnovationen stammen aus einer Vielzahl von Quellen. Über das Zahlenmaterial aus den genannten Quellen hinaus wurden neben anderer Fachliteratur und einer Vielzahl von Einzelquellen insbesondere die Handbücher Produktentwicklung Lebensmittel[7], Produktentwicklung Lebensmittel-Innovationen[8] und Functional Food[9] als Informationsquellen genutzt. Kommerzielle Datenquellen zu einzelnen Produkten sind die Marktforschungsdaten der Unternehmen A.C. Nielsen, GfK AG und ZMP. Diese Daten werden im Handel und von Marketing- und Vertriebsabteilungen von Herstellern häufig genutzt, da sie sehr zeitnah sind. Wegen mit der Nutzung dieser Daten verbundener Kosten wurde auf diese Quellen vollständig verzichtet, obwohl sie im Einzelfall eventuell aktuellere Ergebnisse zu Wachstumstrends geliefert hätten. Insgesamt wurde jedoch nicht erwartet, dass etwaige Verbesserungen der Datenlage durch dieses Datenmaterial die Kosten gerechtfertigt hätten.

Die zu Grunde gelegten Daten aus der amtlichen Statistik des verarbeitenden Gewerbes enthalten in der Regel nur Daten von Betrieben mit mehr als 20 Mitarbeitern. In stark handwerklich geprägten Branchen oder besonders stark von Kleinstbetrieben geprägten Branchen kann dies zu Abweichungen von der Handwerksstatistik bzw. von Totalerhebungen führen. Wo dies der Fall ist, nämlich insbesondere bei der Herstellung von Backwaren und in der Fleischverarbeitung, ist gesondert darauf hingewiesen. Der Studie liegen ansonsten die Daten aus der Industrieberichterstattung zu Grunde. Aus der amtlichen Statistik sind aus Datenschutzgründen Daten über Umsätze und Beschäftigte nur dann erhältlich, wenn eine Branche mindestens drei Betriebe enthält und wenn sie nicht von einem einzelnen Betrieb besonders dominiert wird. Dieser Fall des Datenschutzes tritt bei Daten zur Lebensmittelindustrie in Berlin und Brandenburg relativ häufig ein, so dass nur zu einer geringeren Zahl an Einzelbranchen überhaupt Daten erhältlich sind. Während in Berlin Daten über die Süßwarenindustrie problemlos verfügbar sind, sind diese in Brandenburg nicht öffentlich zugänglich. Umgekehrt gilt das Geiche für die Fruchtsaftherstellung. Dies führt bei der Auswertung insbesondere dazu, dass es nicht möglich ist, Daten über die Lebensmittelindustrie aus der amtlichen Statistik zu einem Gesamtbild der regionalen Lebensmittelindustrie zu addieren. Die Lebensmittelindustrie in Berlin und in Brandenburg wird deshalb in der Studie in der Regel zahlenmäßig getrennt dargestellt, obwohl diese Betrachtungsweise den Intentionen der Studie nicht entspricht. Auch die Auswertungen zu den Anteilen der Region an der jeweiligen Gesamtbranche und zu den durchschnittlichen Umsätzen pro Mitarbeiter und pro Betrieb mussten deshalb getrennt für Berlin und Brandenburg erfolgen.

Im Rahmen dieser Studie folgt die Verwendung des Begriffs „Lebensmittelindustrie" der Definition der Wirtschaftsklassifikation der amtlichen Statistik für das Ernährungsgewerbe als Wirtschaftszweig des verarbeitenden Gewerbes (WZ 15 der WZ 93)[10]. Das verarbeitende Gewerbe und dessen Innovationsverhalten stehen im Mittelpunkt der Studie. Die Betrachtung wurde allerdings in etlichen Punkten ausgeweitet auf alle Bereiche der so genannte „food chain", d.h. der kompletten Verwertungskette von der landwirtschaftlichen Primärproduktion bis zum Endverbraucher. Solche Ausweitungen gehen jeweils aus dem Text hervor. Wegen der Sonderrolle der Tabakindustrie im ehemaligen West-Berlin wurden soweit irgend möglich nur Daten verarbeitet, die sich auf die Lebensmittelindustrie ohne Tabakverarbeitung beziehen. Einige Daten zum Innovationsverhalten der Industrie sind jedoch nur als Summe der Daten aus Lebensmittelindustrie und Tabakverarbeitung erhältlich. Wo diese Daten verarbeitet wurden, ist im Text gesondert darauf hingewiesen, dass Daten aus der Tabakbranche mit enthalten sind.

Als Region Berlin-Brandenburg wird nachstehend die gesamte Region bezeichnet. Als Wissenschaftsstandort ist allerdings nur der engere Verflechtungsraum um Berlin herum relevant. Die genaue Abgrenzung zwischen dem engeren und dem weiteren Verflechtungsraum erwies sich jedoch bei der Betrachtung gerade der Lebensmittelindustrie meist als wenig relevant für die Fragestellungen dieser Studie, so dass im Folgenden nicht näher darauf eingegangen wird.

Die Begriffe „lebensmittelrelevant" und „ernährungsrelevant" werden, soweit nicht im jeweiligen Kontext explizit anders erwähnt, synonym verwendet und umfassen in einer pragmatischen Definition alle Wissenschaftsbereiche, die für Kooperationen mit der Lebensmittelindustrie relevant sein könnten. Welche Disziplinen dies umfasst, ist im Abschnitt „Lebensmittelrelevante Disziplinen" im Einzelnen aufgeführt.

Eine weitere Sammlung mit aktuellen Übersichten zum Stand der Wissenschaft in einer ganzen Reihe von Forschungsthemen sind die in Vierjahresfrequenz erscheinenden Ernährungsberichte der Deutschen Gesellschaft für Ernährung, DGE[11].

3   Die Lebensmittelindustrie

Die Lebensmittelindustrie ist in Berlin und Brandenburg in Bezug auf Arbeitsplätze und Umsätze ähnlich groß, jedoch stark unterschiedlich strukturiert: Während in Brandenburg die Zusammensetzung des verarbeitenden Gewerbes nahe an der bundesweiten Zusammensetzung liegt und damit sowohl der Zusammensetzung der erzeugten Rohstoffe der Primärproduktion als auch der Zusammensetzung eines normalen Speisezettels ähnelt, ist die Berliner Lebensmittelindustrie stark von den Produkten Kaffee, Süßwaren und Dauerbackwaren dominiert. Dies hat historische Ursachen, die in der Westberlin-Förderung begründet liegen.

Mit einem Gesamtumsatz von 3,6 Mrd. EUR[26,27] war die Lebensmittelverarbeitung 2002 die nach Umsatz zweitwichtigste Branche in Berlin[15] und mit einem Umsatz von 2,5 Mrd. EUR die wichtigste Branche in Brandenburg[27,16]. Die Lebensmittelindustrie in der Region beschäftigte im Jahr 2002 insgesamt 22.600 Arbeitskräfte[26,27] in der Region und war damit nach der Zahl der Arbeitsplätze die viertwichtigste Branche in Berlin[15] und die wichtigste Branche in Brandenburg[16]. Die Exportquote der Berliner Branche Ernährung und Tabakverarbeitung lag im Jahr 2000 mit 2,8% deutlich unter dem Bundesdurchschnitt von 11,6% und damit weit hinter anderen Branchen des verarbeitenden Gewerbes[18]. Für die Lebensmittelindustrie ohne Tabakverarbeitung liegen nur Daten bis 1998 vor. Bis dahin lag der Exportanteil um 6 bis 7% und damit ebenfalls deutlich unter Bundesdurchschnitt und hinter anderen Branchen[18]. In Brandenburg betrug die Exportquote im Jahr 2002 10%[19] und lag damit 2% unter dem Bundesdurchschnitt[14]. Die höchsten Umsätze pro Betrieb machen die Branchen Kaffee, Milch, Süßwaren, Schlachten und Erfrischungsgetränke. Die höchsten Umsätze pro Mitarbeiter finden sich in den Branchen Kaffee, Milch, Spirituosen, Futtermittel, Schlachten und Fruchtsäfte.

Weitere Wirtschaftszweige, die mit Lebensmitteln arbeiten, sind die Gastronomie, der Lebensmitteleinzelhandel (LEH) und die Landwirtschaft. Die Gastronomie beschäftigte 1999 in Berlin und Brandenburg etwa 50.000 Personen[20,21] (allerdings einschließlich der Hotellerie), der Lebensmittelgroßhandel und -einzelhandel etwa 18.000 Personen[20,21], die Landwirtschaft in Brandenburg etwa 17.000 nichtfamilienangehörige sozialversicherungspflichtige Personen. Die Größe von Gastronomie und LEH ist allerdings im Wesentlichen von der Bevölkerungszahl und vom Tourismus abhängig. Insgesamt kann davon ausgegangen werden, dass die Primärerzeugung und die Verarbeitung von Lebensmitteln in der Region bis zu 50.000 Personen beschäftigen. Die Distribution in Handel und Gastronomie dürfte nochmal die gleiche Zahl an Arbeitskräften beschäftigen.

Tabelle 2
Die Bedeutung der Lebensmittelindustrie in Zahlen

	Berlin	Branden-burg	Baden-Württemb.	Deutsch-land	Quelle
Einwohner (Tsd., 2002)	3.392	2.582	10.661	82.537	12
BIP (Mrd. Euro, 2002)	77,13	44,12	307,44	2.108,2	12
Gesamtzahl Erwerbstätige (Tsd., 2002)	1.533	1.023	5.391	36.688	12
Sozialversicherungspflichtig Beschäftigte (Tsd., 2002)	1.103	760	3.851	27.571	12
Beschäftigte verarbeitendes Gewerbe (Tsd., 2002)	136	112	1.398	6.109	12
Beschäftigte Lebensmittelindustrie (2002)	11.886	10.744	62.182**	530.832	26, 27, 13, 14
Betriebe verarbeitendes Gewerbe (2002)	898	1.128	8.497	46.819	15, 16, 17, 12
Betriebe Lebensmittelindustrie (2002)	150	159	769	5.859	26, 27, 17, 14
Umsatz verarbeitendes Gewerbe (Mrd. Euro, 2002)	30,0	16,0	237,3	1.314,0	15,16, 17, 12
Umsatz Lebensmittelindustrie (Mrd. Euro, 1999)	3,6	2,5	12,7**	109,4	26, 27, 17, 14
Interne FuE-Aufwendungen der Wirtschaft (Mio. Euro, 1999)	1.397	229	8.616	33.330	3
Interne FuE-Aufwendungen verarbei-tendes Gewerbe (Mio. Euro, 1999)	1.182	201	8.205	30.319	3
Interne FuE-Aufwendungen Lebensmit-tel- u. Tabakindustrie (Mio. Euro, 1999)	2 - 10**	4	23	208	3
FuE-Beschäftigte im verarbeitenden Gewerbe (1999)	10.827	2.271	65.260	269.718	3
FuE-Beschäftigte in der Lebensmittelindustrie (1999)	20 - 100*	59	279	2.301	3
Anteil der Lebensmittelindustrie am Umsatz des verarb. Gewerbes	12%	16%	5%	9%	
Anteil der Lebensmittelindustrie an den Beschäftigten des verarb. Gewerbes	9%	10%	4%	9%	

* Eigene Abschätzung aus den Daten in (3) und den gesamtwirtschaftlichen Daten, Detaildaten aus Datenschutzgründen nicht zu erhalten. **Lebensmittelindustrie und Tabakindustrie, Lebensmittelindustrie ohne Tabak aus Datenschutzgründen nicht zu erhalten. Tabakverarbeitung spielt allerdings in Baden-Württemberg eine relativ bescheidene Rolle.

Bundesweit ist die Lebensmittelindustrie gemessen am Umsatz der viertwichtigste Bereich des verarbeitenden Gewerbes (nach Autoindustrie, Maschinenbau und Chemieindustrie). Die Umsätze der Lebensmittelindustrie stagnieren, der Wettbewerb ist vom Verdrängungswettbewerb bestimmt. Nur „Sonderthemen" wie Öko-Ernährung und Nahrungsergänzungsmittel weisen hohe Wachstumsraten auf[22,23,24]. Die Konzentration in der Lebensmittelindustrie ist relativ gering. 20% des Umsatzes entfallen auf die zehn größten Unternehmen (Kfz-Industrie: 80%). Erhebliche, insbesondere internationale Konzentrationsprozesse werden erwartet[25].

Berlin und Brandenburg haben als Standorte für die Lebensmittelindustrie keine überregionale Bedeutung. Der Anteil der regionalen Lebensmittelindustrie am Gesamtumsatz der deutschen Lebensmittelindustrie entspricht in beiden Ländern ziemlich genau dem Anteil der Länder am deutschen BIP mit 3,7% für Berlin und mit 2,1% für Brandenburg. Die wichtigsten Standorte der Lebensmittelindustrie sind Nordrhein-Westfalen, Baden-Württemberg, Bayern und Hessen. In Berlin bilden die Kaffee- und die Kakaoverarbeitung eine Ausnahme. Etwas mehr als ein Drittel des Gesamtumsatzes der deutschen Kaffeeindustrie wird in Berlin erzielt. Die Berliner Süßwarenindustrie erzielt immerhin 11% des gesamten deutschen Branchenumsatzes. Auch die Branchen Dauerbackwaren und Spirituosen sind mit 6% bzw. 7% des gesamten deutschen Branchenumsatzes in Berlin überdurchschnittlich vertreten. In Brandenburg ist die Herstellung von Stärke und Stärkeprodukten von bundesweiter Bedeutung. Immerhin 16% der gesamten Branchenumsatzes werden in Brandenburg erzielt. Deutlich überdurchschnittlich sind in Brandenburg mit jeweils mehr als 6% des gesamten Branchenumsatzes auch die Schlachtung von Geflügel und die Obst- und Gemüseverarbeitung vertreten. In allen anderen Branchen existieren sowohl in Berlin als auch in Brandenburg einzelne Betriebe mit überregionaler Bedeutung.

Für Berlin und Brandenburg ist die Lebensmittelindustrie von erheblicher Bedeutung: In Brandenburg ist die Lebensmittelindustrie die größte Branche des verarbeitenden Gewerbes, in Berlin ist sie von erheblicher Bedeutung. Die Investitionen der Lebensmittelindustrie betrugen 2001 in Berlin 75 Mio. EUR[15] und in Brandenburg 126 Mio. EUR[16]. Die Lebensmittelindustrie der Region ist - wie bundesweit auch - durch eine Mischung von wenigen Großbetrieben und einer Vielzahl von kleinen und mittleren Betrieben geprägt. 80% der Beschäftigten in der Berliner Lebensmittelindustrie arbeiten in Betrieben mit weniger als 500 Mitarbeitern, 50% arbeiten in Betrieben mit weniger als 200 Mitarbeitern[26]. In Brandenburg ist die Größenstruktur vergleichbar[27]. Zentralen von Markenartiklern mit überregionaler Bedeutung sind in der Region nicht ansässig.

In Berlin ist die Lebensmittelindustrie seit 1996 um ca. 20% geschrumpft[28]. Seit 1999 hat sie sich stabilisiert und ist nur noch um knapp 5% geschrumpft[26]. Wie viel davon auf Produktionseinstellungen und wie viel auf Outsourcing zurückzuführen ist, ist nicht zu ermitteln. Eine Betriebsbefragung ergab, dass 2001 mindestens ein Drittel der Unternehmen der Lebensmittelindustrie Leistungen wegen Outsourcing aufgaben. Dabei zeigte sich auch, dass gerade in der Lebensmittelindustrie Forschung, Entwicklung und Projektierung besonders selten in Eigenleistung erstellt werden und dass ungefähr die Hälfte der outgesourcten Leistungen aus der Region bezogen wird[28].

In Brandenburg ist die gesamte Lebensmittelindustrie eine Wachstumsbranche. Das Wachstum findet dabei größtenteils in Bereichen wie der Obst- und Gemüseverarbeitung, der Stärkebranche und der Futtermittelbranche statt, wobei dies nicht auf Abwanderungen von Berliner Betrieben zurückgehen kann, da entsprechende Betriebe in Berlin nicht ansässig waren. Selbst im Bereich Erfrischungsgetränke, in dem ein Berliner Unternehmen nach Brandenburg abgewandert ist, ist das hohe Wachstum dadurch allein nicht zu erklären.

Abbildung 1
Umsatzanteile der Lebensmittelindustrie in Deutschland 2002

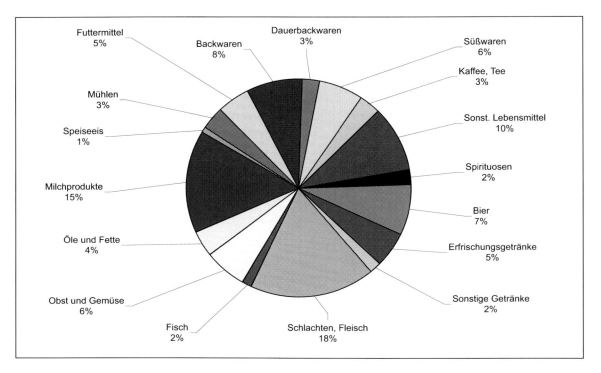

Futtermittel 5%
Backwaren 8%
Dauerbackwaren 3%
Süßwaren 6%
Kaffee, Tee 3%
Mühlen 3%
Sonst. Lebensmittel 10%
Speiseeis 1%
Milchprodukte 15%
Spirituosen 2%
Bier 7%
Öle und Fette 4%
Erfrischungsgetränke 5%
Obst und Gemüse 6%
Sonstige Getränke 2%
Fisch 2%
Schlachten, Fleisch 18%

Abbildung 2
Beschäftigungsanteile der Einzelbranchen der Lebensmittelindustrie in Deutschland 2002

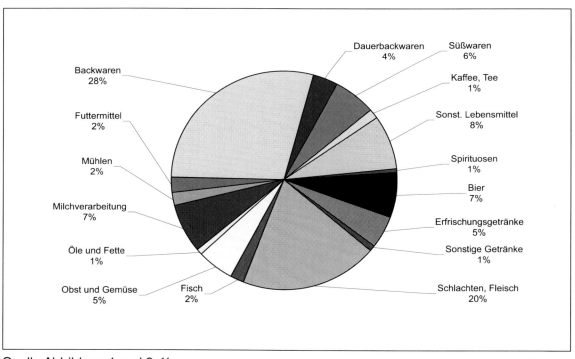

Backwaren 28%
Dauerbackwaren 4%
Süßwaren 6%
Kaffee, Tee 1%
Futtermittel 2%
Sonst. Lebensmittel 8%
Mühlen 2%
Spirituosen 1%
Bier 7%
Milchverarbeitung 7%
Erfrischungsgetränke 5%
Öle und Fette 1%
Sonstige Getränke 1%
Obst und Gemüse 5%
Fisch 2%
Schlachten, Fleisch 20%

Quelle Abbildung 1 und 2: [14]

Abbildung 3

Umsatzanteile der Einzelbranchen der Lebensmittelindustrie in Berlin 2002

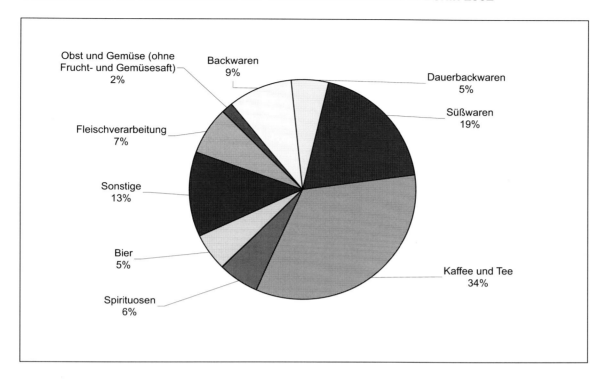

Abbildung 4

Beschäftigungsanteile der Einzelbranchen der Lebensmittelindustrie in Berlin 2002

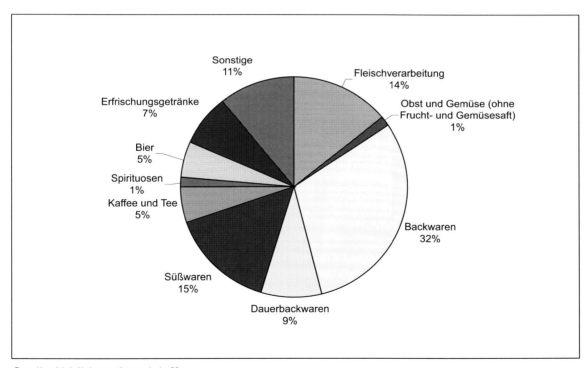

Quelle Abbildung 3 und 4: [26]

23

Abbildung 5
Umsatzanteile der Einzelbranchen der Lebensmittelindustrie in Brandenburg 2002

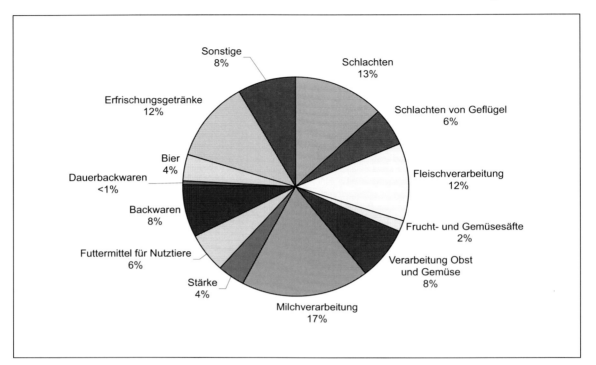

Abbildung 6
Beschäftigtenanteile der Einzelbranchen der Lebensmittelindustrie in Brandenburg 2002

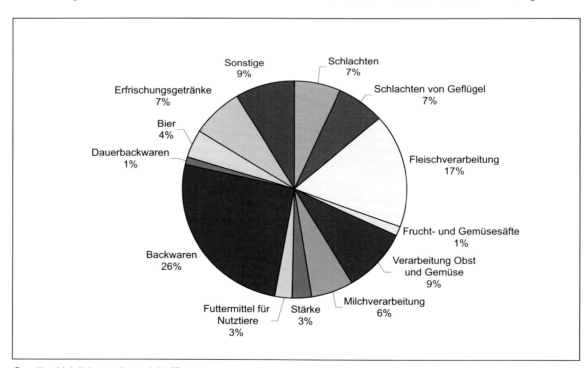

Quelle Abbildung 5 und 6: [27]

24

3.1 Innovation in der Lebensmittelindustrie

Wenn im Folgenden von Innovation die Rede ist, dann ist damit entweder die Einführung neuer oder die Verbesserung bestehender Herstellungsverfahren gemeint (Prozessinnovationen) oder die Entwicklung neuer oder verbesserter Produkte (Produktinnovationen). Devin bezeichnet als klassische oder echte Innovationen im Lebensmittelbereich nur solche, die dem Verbraucher einen echten USP (Unique Selling Point) bieten, der i.d.R. aus neuen Technologien, neuen Anwendungen oder neuen Verpackungen resultiert, und die deshalb den Markt „umwälzen"[29]. In einer Studie von A.C. Nielsen und Ernst & Young[30] werden sechs verschiedene Produktinnovationen definiert. Die Studie nennt:

* klassische Innovationen (das sind die oben genannten),
* Markentransfer-Produkte (bei denen neu ist, dass sie jetzt von einem Markenhersteller kommen, der sie vorher nicht anbot),
* Sortimentserweiterungen (Joghurt mit neuer Geschmacksrichtung),
* me-too-Produkte (ahmen bestehende Produkte nach, No-Name-Cola),
* Saisonprodukte (Eis oder Schokolade mit Adventsgeschmack) und
* Ersatzprodukte (die bisherige Produkte ersetzen, 5 kg-Packung statt 4,5 kg-Packung).

Die vorliegende Arbeit will vorrangig Kooperationspotenziale im naturwissenschaftlich-technischen Bereich identifizieren und folgt deshalb einer eher pragmatischen Definition. Der Blick konzentriert sich auf Innovationen, die überhaupt naturwissenschaftlich-technische Elemente enthalten. Mit Produktinnovationen sind im Folgenden solche Innovationen gemeint, bei denen durch Forschungs- oder Entwicklungstätigkeit technischer Natur Änderungen oder Neuentwicklungen am Produkt oder seiner Verpackung vorgenommen wurden. Reine Maßnahmen im Rahmen der Markenpositionierung, die sich ohne physische Änderungen am Produkt nur auf geänderte oder neue Werbebotschaften, Markenlogos, Schriftzüge o.ä. beziehen, werden im folgenden nicht als Innovationen aufgefasst, auch wenn Basiskriterien für Innovationen wie Neuheit und wirtschaftliche Bedeutung im Einzelfall zutreffen mögen. Konkret gesagt, hält der Autor einen Fruchtsaft mit neuer Geschmacksnote eindeutig für eine Innovation. Dies gilt auch für einzeln in Aufreiß-Weißblechdosen verpackte Gurken: Obwohl an der Gurke selbst wenig geändert wurde, müssen immerhin Sortierungs- und Verpackungsverfahren zielgerichtet eingesetzt und zur Prozessstabilität gebracht werden.

Betriebswirtschaftliche Teile der Produktentwicklung spielen im Innovationsprozess der Lebensmittelindustrie eine wichtige Rolle. Sie werden deshalb bei der Betrachtung der Innovationstätigkeit als Teil des Innovationsprozesses einbezogen. Ob der Innovationsprozess marketingdominiert oder technikdominiert ist, ist nicht in Form einer allgemeingültigen Feststellung herauszuarbeiten, sondern hängt vom jeweiligen Produkt ab. Typische Produkte, bei denen die Innovation wesentlich naturwissenschaftlich-technischer Art ist, sind z.B. die Entwicklung des Bakterienstammes Lactobacillus johnsonii (La1), bekannt unter dem Markennamen LC1[31], unter dem der Stamm in zahlreichen Milchfrischprodukten enthalten ist, oder die Margarine becel proactiv[32], die den Cholesterinwert zu senken vermag. Der Stamm LC1 hat eine hohe Überlebensrate im Magen-Darm-Trakt sowie ein besonders hohes Adhäsionsvermögen an menschlichen Darmzellen, durch das er in der Lage ist, anderen Keimen die Adhäsion zu erschweren. Darüber hinaus verstärkt er die Serumkonzentration von IgA. Vor allem letzteres wird intensiv als Verstärkung der natürlichen Abwehrkräfte beworben. Becel proactiv ist eine Halbfettmargarine, der 8% Phytosterine zugesetzt sind. Dies bewirkt bei den Konsumenten eine Senkung des Cholesterinspiegels, die mit randomisierten placebokontrollierten Doppelblindstudien nachgewiesen wurde. Ein Beispiel für ein Produkt, das aus Marketingüberlegungen gezielt entwickelt wurde, um eine weiteres Segment im Spirituosenmarkt zu schaffen und zu besetzen, und bei dem die technische Entwicklung eher im Hintergrund stand, ist die Sahnelikörlinie „Großmutters Sahne Geheimnis" der Berentzen AG[33].

3.1.1   Methoden der Innovation

Der Prozess der technischen Produktentwicklung unterscheidet sich nicht wesentlich von Entwicklungsprozessen in anderen Branchen[34]. Auf eine Prototypphase und technische Machbarkeitsstudie folgt der Entwicklungsprozess eines Serienproduktes, der mit den gleichen Projektmanagementmethoden abgearbeitet wird wie in anderen Industrien auch. Die Zielsetzung (Briefing) wird umgesetzt in Teilprojekte der Rohstoffauswahl und Optimierung der Rezeptur, der Entwicklung eines Herstellungsprozesses, der Analyse und Beherrschung von Wechselwirkungen zwischen Produkt, Prozess und Packung, Toleranzuntersuchungen und Haltbarkeitsuntersuchungen, gegebenenfalls Untersuchungen zum Beweis von Werbeaussagen und schließlich der Festlegung der Qualität durch Spezifikationen und Referenzmuster einschließlich der Erarbeitung von Testmethoden und Bestimmung der CCPs für das Hygienemanagement.

Betriebswirtschaftliche Methoden der Produktentwicklung wie Kreativtechniken, die im Marketing häufig eingesetzt werden (Brainstorming, Methode 635, Synektik, Delphi-Methoden, Attribute-Listing, Morphologischer Kasten u.s.w.)[35] oder Maßnahmen der Marktforschung, soweit sie im Rahmen einer Produktentwicklung eingesetzt werden, spielen im Innovationsprozess der Lebensmittelindustrie häufig eine größere Rolle als die eigentliche technische Produktentwicklung[36]. Das Ausmaß der Marktorientierung der Unternehmen gilt auch als zentraler Erfolgsfaktor für Innovationen. Insbesondere die Anwendung qualitativer Marktforschungsmethoden, Kundenfrequenzanalysen, der Informationsaustausch mit Handel und Verbrauchern und eine systematische Auswertung von Verbraucherreklamationen gelten ebenso als Erfolgsfaktoren wie abteilungsübergreifende, kompetent besetzte Projektteams, die Innovationen entwickeln[37].

3.1.2   Patente

Patente spielen in der Lebensmittelindustrie praktisch keine Rolle. Nur 0,8% der Patentanmeldungen entfielen in den Jahren 1995 und 2000 bundesweit auf die Lebensmittelindustrie und die Tabakindustrie. Im Jahr 2000 entsprach dies 306 Patentanmeldungen insgesamt. In Berlin und Brandenburg unterscheidet sich dieser Anteil nicht wesentlich vom Bundesdurchschnitt[38]. Die meisten Patentanmeldungen der Lebensmittelindustrie kamen aus Hamburg, Niedersachsen, Schleswig-Holstein und dem Saarland[38].

Die Daten des Patentamtes erlauben keine Recherche nach Raumordnungsregionen. Angesichts der geringen Bedeutung des Patentwesens in der Lebensmittelindustrie wurde die Beauftragung des einzigen darauf spezialisierten Rechercheunternehmens als unangemessen teuer für die Ermittlung von regionalen Daten angesehen. Stattdessen erfolgte eine eigene Patentrecherche[39], die 174 Patentnachweise mit dem Wort BERLIN für lebensmittelrelevante Patentanmeldungen aus den Jahren 1996 bis Anfang 2003 ergab. Von diesen 174 Nachweisen bezogen sich 19 (10%) auf Gebrauchsmuster, 12 (7%) auf erloschene Gebrauchsmuster, 39 (23%) auf abgelehnte oder wegen Nichtzahlung abgelaufene Patente und 105 (60%) auf erteilte Patente oder laufende Verfahren. Von den Patentnachweisen zu laufenden Verfahren bzw. Patenterteilungen bezog sich nur ein gutes Drittel auf unmittelbar lebensmittelrelevante Patente aus der Wirtschaft, davon bezogen sich etwa 40% auf ein einziges - gemäß Nachfrage beim Unternehmen nie in die Produktion eingeführtes - Verfahren in einem Unternehmen der Fleischwarenindustrie, das seit einigen Jahren nur noch in Niedersachsen tätig ist. Ein knappes weiteres Drittel bezog sich auf Innovationen des Anlagen- bzw. Maschinenbaus mit eventueller Bedeutung im Lebensmittelbereich. 10% der Nachweise bezogen sich auf Patente aus der Wissenschaft. Etwa 20% der Patente bezogen sich auf neue Nutzpflanzengene und ähnliche biowissenschaftliche Themen mit eher mittelbarem Lebensmittelbezug. Mit etwa 20 unmittelbar lebensmittelrelevanten Patentnachweisen der Berliner Industrie innerhalb von fünf Jahren scheint das Patentwesen für die Lebensmittelindustrie in der Region also praktisch keinerlei Rolle zu spielen. Für Brandenburg konnte eine vergleichbare Recherche wegen der Vielzahl der Ortsnamen nicht mit vertretbarem Aufwand durchgeführt werden, die oben genannte Recherche erfasste allerdings wegen des Wohnorts der Erfinder auch eine Reihe Brandenburger Unternehmen.

3.1.3 Basisinnovationen

Basisinnovationen sind Innovationen, die geeignet sind, eine gesamte Branche zu verändern. Zu Beginn der industriellen Lebensmittelherstellung waren dies Techniken zur Haltbarmachung. Basisinnovationen müssen nicht aus der Lebensmittelbranche selbst stammen. Etliche Innovationen in der Lebensmittelindustrie wurden erst durch Basisinnovationen ermöglicht, die außerhalb der Branche stattfanden. Auf diese soll hier mit Ausnahme eines Beispiels nicht näher eingegangen werden: 1925 wurde von Baltazar von Platen und Carl Munters in Schweden der Kühlschrank erfunden, in den 30er Jahren enthielten die ersten Geräte auch Eisfächer. Die Massenproduktion begann erst nach dem Zweiten Weltkrieg, auch wenn Electrolux bereits 1936 seinen millionsten Kühlschrank verkauft hatte[40]. Die Verfügbarkeit von Kühltechnik im Handel und im Privathaushalt machte eine Reihe von Produkten überhaupt erst möglich, vor allem der Convenience-Bereich hängt stark davon ab. Eine neuere Entwicklung ist die Verfügbarkeit von 2°C-Kühltechnik im Handel, die gerade dabei ist, den Hackfleischmarkt umzustürzen, da durch diese Technologie plötzlich der Vertrieb von Hackfleisch als Discounter-Produkt möglich wird.

3.1.4 Produktinnovation

Systematische FuE mit eigens dafür zuständigem Personal treiben nur relativ wenige Unternehmen. Explizite Forschungsabteilungen haben vor allem die Markenartikler, wobei dies für größere in stärkerem Maßen zutrifft als für kleinere. Bei den Unternehmen in der Region, die überhaupt regelmäßig Produktentwicklung betreiben, wird dies meist durch Arbeitsgruppen bewältigt, in denen die Verantwortlichen für Marketing und für die Herstellung gemeinsam tätig sind. Häufig sind auch die Qualitätsverantwortlichen involviert, da diesen einerseits in der Regel sämtliche Labortätigkeit im Betrieb untersteht, und sie andererseits neben den technischen Leitern häufig diejenigen Mitarbeiter mit der höchsten naturwissenschaftlich-technischen Qualifikation im Betrieb sind. Soweit technische Produktentwicklung aus der Entwicklung neuer Rezepturen in der Versuchsküche besteht, wird die Entwicklungstätigkeit häufig von handwerklich qualifiziertem Personal durchgeführt (Konditoren, Metzger u.s.w.). Insbesondere bei Produktneuentwicklungen ist es in der Lebensmittelindustrie üblich, dass Marktforschung und Kreativtechniken aus dem Marketing einen sehr hohen Stellenwert genießen.

Ob Anregungen zu neuen Produkten ausschließlich aus den Marketing- und Vertriebsbereichen kommen oder aus den technischen Bereichen oder aus allen Bereichen des Unternehmens und von welchen Ebenen dieser Bereiche, ist von Unternehmen zu Unternehmen unterschiedlich und im wesentlichen von der Führungskultur der jeweiligen Unternehmen abhängig. Bei Interviews in der Region wurden sowohl Unternehmen angetroffen, die systematisch Mitarbeiter aller Ebenen und Bereiche zu Innovationsideen anhalten, denen dann meist auch relativ schnell in gemischten Arbeitsgruppen nachgegangen wird, bis hin zu Unternehmen, in denen Innovation eine klare Kompetenz einer einzelnen Abteilung oder Person ist, die darauf achtet, dass diese Kompetenz nicht durch Ideen Dritter verletzt wird. Mit der Unternehmensform oder dem formalen Führungsstil scheint die Innovationskultur wenig zu tun zu haben. Eine hohe Innovationskultur wurde sowohl in Kapitalgesellschaften angetroffen, die von angestellten Managern geleitet werden, als auch in Unternehmen, die inhabergeführt sind. Die Innovationskultur scheint auch unabhängig davon zu sein, ob die Unternehmensleitungen sich selbst als eher patriarchalisch oder als eher „modern" begriffen.

Insgesamt ist die Produktinnovation im Lebensmittelsektor wesentlich weniger von naturwissenschaftlich-technischer FuE-Tätigkeit geprägt als andere Branchen des verarbeitenden Gewerbes. Marketing und Konsumentenforschung spielen oft eine deutlich wichtigere Rolle als naturwissenschaftlich-technische Aspekte; auch die Haupterfolgsfaktoren für gelungene Innovationen kommen aus diesem Bereich[37]. Naturwissenschaftler und Ingenieure, die mit der Lebensmittelindustrie in Kooperationsprojekte eintreten wollen, sollten dieses Innovationsverhalten kennen und sich darüber im Klaren sein, dass Kooperationswünsche dann erfolgversprechend sind, wenn entweder eine sehr genaue Kenntnis eines wirklich technischen Problems der Industrie besteht, zu dem Lösungskompetenz angeboten werden kann, oder wenn erste Marktüberlegungen bereits bei einem Kooperationsangebot eine Rolle spielen.

3.1.5 Prozessinnovation

Die Lebensmittelindustrie ist eine Industrie, die Produkte in erheblichen Tonnagemaßstäben herstellt und absetzt. Wettbewerbsfähige Produktionstechnik ist deshalb bei allen nicht handwerklich produzierenden Unternehmen ein Thema mit hohem Stellenwert. Die Unternehmen investieren in konkurrenzfähige Produktionsanlagen und Logistik und sind auch bemüht, ihre Anlagen auf dem aktuellen Stand der Technik zu halten. Eigenentwicklungen von Maschinerie sind äußerst selten, deshalb ist auch der in Statistiken ausgewiesene Aufwand für FuE in diesem Bereich marginal. Innovative Herstellungstechnik und -methodik wird in aller Regel von Zulieferern aus dem Bereich des Maschinenbaus bezogen. Die Innovationstätigkeit im Verfahrensbereich macht sich in der Lebensmittelindustrie vor allem in den Investitionsausgaben bemerkbar. Verbesserungen bestehender Verfahren und vorhandener Maschinerie werden ebenfalls betrieben, Anlagenverbesserungen in der Regel gemeinsam mit dem Maschinerielieferanten. Verbesserungen der Herstellungsverfahren werden teilweise von eigenem Personal ausgeführt, häufig auch von Rohstofflieferanten eingekauft. Die anwendungstechnischen Abteilungen der Lieferanten von Grundrohstoffen (Mehl, Fleisch, Milch, Malz u.s.w.) spielen hierbei eine deutlich geringere Rolle als die anwendungstechnischen Abteilungen der Lieferanten von Rohstoffen, die bereits Verarbeitungsprozesse hinter sich haben (Schokolade, Aromen, Gewürze, Emulatoren, Verpackungen u.s.w.), jedoch besteht auch bei Herstellern einfacherer Rohstoffe ein Trend, Rezepturen und Herstellungsverfahren für Innovationen gleich mitzuliefern. Kooperationen mit FuE-Einrichtungen werden grundsätzlich ebenfalls eingegangen, die Betriebe streben aber oft an, zunächst die Kompetenzen ihrer eigenen Anwendungstechniker oder der Anwendungstechniker ihrer Lieferanten in Anspruch zu nehmen, da bei diesen häufig eine höhere Spezialisierung und ein höheres und schneller abrufbares Erfahrungswissen über das spezielle Verfahren vorhanden ist. Von den interviewten Lebensmittelherstellern werden generell Projekte mit relativ kurzen Laufzeiten angestrebt, deren Ergebnisse in Zeiträumen deutlich unterhalb eines Jahres, besser eines halben Jahres, in die laufende Produktion eingeführt werden können. FuE-Projekte, die Dauer, Umfang und inhaltliches Niveau einer Doktorarbeit haben, sind eine äußerst seltene Ausnahme, selbst Umfänge einer normalen Diplomarbeit sind häufig schon eine klare Obergrenze. Wissenschaftliche Einrichtungen, die Kooperationen im Lebensmittelbereich anstreben, sollten deshalb sowohl die gewünschten Projektlaufzeiten und Umfänge kennen als auch berücksichtigen, dass mögliche Kooperationspartner nicht unbedingt in den Betrieben zu finden sein müssen, die Lebensmittel herstellen, sondern häufig bei Zulieferern der Lebensmittelindustrie, den Zutatenherstellern, den Maschinenbauern oder in der Verpackungsindustrie. Für die Lokalisation der verantwortlichen Bereiche und die Innovationskultur gilt bei Verfahrensinnovationen sinngemäß das Gleiche wie für Produktinnovationen.

3.1.6 Innovationstätigkeit und Markenstrategien

Markenüberlegungen prägen die Lebensmittelindustrie insgesamt stark. Etliche der bekanntesten Markenartikler sind Unternehmen der Lebensmittelindustrie. Die Markenstrategie der Unternehmen beeinflusst wesentlich die Art ihrer Innovationstätigkeit. Während es für Markenartikler in den meisten Segmenten der Lebensmittelindustrie unerlässlich ist, häufig bis gelegentlich Marktneuheiten zu präsentieren, verfolgen die Hersteller von Handelseigenmarken oder No-Name-Produkten gewöhnlich eine late follower-Strategie, d.h. sie warten ab, bis andere den Markt bereitet haben und reagieren erst dann auf die Nachfrage, wenn diese erfolgreich von anderen geweckt wurde.

Diese Markenstrategie führt beim Innovationsverhalten dazu, dass üblicherweise nicht in die (teure) Entwicklung von Marktneuheiten, sondern nur in die (preiswertere) Entwicklung von Produkten, die für den jeweiligen Hersteller, nicht aber für den Markt neu sind, investiert wird. Dies erfolgt zu einem Zeitpunkt, zu dem die Herstellbarkeit und die Verkaufbarkeit grundsätzlich klar sind und zu dem auch bereits möglichst viel Wissen über den benötigten Herstellungsprozess öffentlich ist. Die Produktentwicklung ist so einfacher und billiger. Sie kann dann auch häufig auf der Ebene der Rezepturküche erledigt werden. Die geringe Bereitschaft der Handelsmarkenhersteller zur Entwicklung von Marktneuheiten bedingt, dass deren Kooperationsnachfrage mit Externen in der Erzeugnisentwicklung nochmals deutlich geringer ist als bei den Markenartiklern. Der möglichst geringfügig gehaltenen Produktinnovation steht oft eine hohe Bereitschaft zur Prozessinnovation gegenüber, da der strategische Vorteil von Handelsmarkenherstellern meist in der Kosten- oder Produktivitätsführerschaft besteht. Für die Generierung dieser Prozessinnovationen gilt das über Prozessinnovationen Gesagte.

3.1.7 Gründe, Innovation zu betreiben

Prozessinnovationen werden in der Regel vorangetrieben, um Produktionskosten zu senken, um gleichbleibende Qualitäten zu sichern, um neue oder alternative Rohstoffe verwenden zu können und im Rahmen von Ersatzinvestitionen. Produktentwicklungen werden betrieben, um sich ändernde Verbrauchertrends bedienen zu können, um Märkte neu zu schaffen oder zu erobern, um mit exklusiven Produkten höhere Margen erzielen zu können. Die Entwicklung eines Kuchenriegels durch Nestlé (YES) hat nicht nur ein ganzes Marktsegment erst neu geschaffen, sondern auch Nestlé einen jahrelangen Technologievorsprung verschafft.

Beide Formen der Innovation vermitteln dem Unternehmen die nötigen Kenntnisse, um auf Krisensituationen - wie Ernteausfälle eines Rohstoffes - oder auf normale Änderungen von Ausgangsprodukten - wie andere Pflanzenrassen aus der landwirtschaftlichen Produktion - mit veränderten Verarbeitungseigenschaften besser reagieren zu können. Patentierbare Innovationen sind bisher die Ausnahme in der Lebensmittelindustrie. Trotzdem können diese den FuE-treibenden Unternehmen jahrelange Vorsprünge verschaffen. Ein Beispiel ist die Lizenznahme auf ein Patent zur Kaffeeentkoffeinierung durch die HAG AG in Verbindung mit aufwendiger eigener Verfahrensentwicklung. Innovation ist angesichts der relativ geringen Zahl an verarbeiteten Basisrohstoffen und erlaubten Zusatzstoffen das einzige Mittel, sich von Wettbewerbern zu unterscheiden und dadurch die Marktintransparenz zu schaffen, die für eine vorteilhafte Preispolitik benötigt wird: Obwohl die gesamte Lebensmittelindustrie sich mit der Verarbeitung eines relativ beschränkten Sortiments an Rohstoffen beschäftigt, ist es recht erstaunlich, welche Vielfalt an Produkten sie durch Innovation hervorbringt. Die pflanzlichen Rohstoffe sind in Europa im Wesentlichen Getreide, Gemüse, Zuckerrüben, Hülsenfrüchte, Ölsaaten, Obst, Nüsse, Kaffee, Tee und Kakao. Die tierischen Rohstoffe sind im Wesentlichen Milch, Fleisch, Eier, Fisch und Meerestiere. Trotz dieser geringen und niemandem exklusiv zur Verfügung stehenden Rohstoffbasis wurden bis 2001 allein 230.000 Strichcodes für Lebensmittel vergeben. Ein durchschnittlicher Supermarkt führt 6.000 bis 8.000 verschiedene Artikel[41]. Allein in den Jahren 1996/1997 wurden innerhalb von 12 Monaten 300 Getränke, mehr als 200 Süßwaren und Snacks, und jeweils fast 200 Molkerei- und Tiefkühlprodukte neu auf den Markt geworfen[42]. Dies zeigt, dass Innovation trotz der relativ geringen Aufwendungen ein wichtiges Thema für die Lebensmittelindustrie ist.

3.1.8 Innovation in Zahlen: Aufwendungen der Lebensmittelindustrie und des BMB+F für Innovationen, Umsätze mit Innovationen

Die Lebensmittelindustrie zeichnet sich dadurch aus, dass sie im Vergleich mit anderen Branchen außerordentlich geringen internen FuE-Aufwand betreibt. Der interne FuE-Aufwand in der Lebensmittelindustrie beträgt laut Stifterverband im Bundesdurchschnitt nur 0,4% vom Umsatz (im Schnitt aller Branchen: um 4%)[3], das entspricht Gesamtaufwendungen der Lebensmittelindustrie von etwa 0,5 Mrd. EUR. Das ZEW gibt die Gesamtaufwendungen für Innovation in der Lebensmittelindustrie mit 1,9 Mrd. EUR im Jahr 2001 an, davon 1,1 Mrd. EUR für Investitionen und 0,8 Mrd. EUR für laufende Aufwendungen[5]. Aus dieser Differenz ist gut ersichtlich, dass auf insgesamt niedrigem Niveau der Zukauf von Innovation in der Lebensmittelindustrie eine erhebliche Rolle spielt. Das Niveau der Innovationsaufwendungen ist gemessen am Umsatz das niedrigste im gesamten verarbeitenden Gewerbe[5]. Es liegt absolut etwa auf dem Niveau, das Beratungsunternehmen oder distributive Dienstleister für Innovation aufwenden[4]. Dies ist zum Teil auf die sehr langen Produktzyklen zurückzuführen, zum Teil darauf, dass Innovationen oft vollständig zugekauft werden. Das Verhalten vor allem mittelständischer Betriebe, Innovation auf Zulieferer auszulagern, ist nicht spezifisch für die Lebensmittelindustrie, hier aber besonders ausgeprägt. Innovationsaufwendungen werden deshalb oft nicht als FuE-Aufwand, sondern als Investitionen sichtbar. Gemeinschaftsentwicklungen in Kooperation mit Forschungsinstituten oder Hochschulen sind in der Lebensmittelindustrie eher die Ausnahme: 96% der FuE-Ausgaben in der Lebensmittelindustrie, Investitionen und Zukäufe nicht mitgerechnet, sind interne Aufwendungen[3]. Entwicklung wird von den Unternehmen also meist entweder vollständig in Eigenregie betrieben oder zugekauft. Das ZEW weist darauf hin, dass Betriebe mit weniger als 50 Beschäftigten einen bis zu dreifach höheren Innovationsaufwand betreiben als der Durchschnitt des Wirtschaftszweiges. Trotz des geringen FuE-Aufwandes führt die Lebensmittelindustrie etwa 2.000 Produkte pro Jahr neu in den Markt ein, von denen allerdings bis zu 75% im selben Jahr und bis zu 90% in den ersten beiden Jahren wieder vom Markt verschwinden[37].

Die Höhe der Fördermittel des BMB+F, die in den Bereich Lebensmittel und Ernährung fließen, ist schwer zu ermitteln, da das BMB+F selbst keine entsprechend abgegrenzten Zahlen liefern konnte. Der Faktenbericht Forschung 2002[43] des BMB+F nennt für den Förderbereich Q, „FuE im Ernährungsbereich" Ausgaben zwischen 40 und 50 Mio. EUR im Jahr zwischen 1998 und 2002, ohne genauer abzugrenzen, welche Anteile davon auf Projektfördermittel und welche Anteile davon auf die institutionelle Förderung von Instituten entfallen. Eine eigene Auswertung[44] der Projektförderungsdatenbank des BMB+F[45] ergab, dass zwischen Januar 1995 und September 2003 Projektfördermittel des BMB+F von durchschnittlich 10,5 Mio. EUR jährlich in Projekte mit konkretem Lebensmittelbezug geflossen sind. Davon entfielen durchschnittlich 1,4 Mio. EUR pro Jahr auf die Region Berlin-Brandenburg, davon etwas über 90% auf Berlin. Von diesen Mitteln flossen etwa 10% an Unternehmen, von denen kein einziges ein Lebensmittelhersteller war. Durch das Projekt BioProfile Nutrigenomforschung im Umfang von 35 Mio. EUR in fünf Jahren ist es der Wissenschaft der Region erfolgreich gelungen, die Mittelakquise beim BMB+F erheblich auszuweiten. Für die Lebensmittelindustrie der Region scheinen Fördermittel des BMB+F dagegen praktisch keine Rolle zu spielen. Analoge Zahlen der EU, die in den Forschungsrahmenprogrammen erhebliche Fördersummen für die Lebensmittelsicherheit verausgabt, für das BMWA und die Länder Berlin und Brandenburg waren mit vertretbarem Aufwand nicht zu ermitteln.

Der Umsatzanteil, den die Lebensmittelindustrie mit innerhalb der letzten fünf Jahre neu entwickelten Produkten erzielt, beträgt laut Stifterverband[3] ca. 20%, außerdem ca. 20% mit Produkten, die in den letzten fünf Jahren verbessert wurden. Diese Anteile sind nur in der (im Gegensatz zur Lebensmittelindustrie äußerst FuE-intensiven) Pharmaindustrie ähnlich niedrig; in allen anderen Branchen sind die entsprechenden Umsatzanteile deutlich höher[3]. Das ZEW gibt noch etwas niedrigere Werte an: Laut Daten des ZEW werden in der Lebensmittel- und Tabakindustrie etwa 3% des Umsatzes mit Marktneuheiten des jeweiligen Jahres gemacht. Dies ist nur etwas mehr als ein Drittel des im verarbeitenden Gewerbe üblichen Umsatzanteils von Marktneuheiten und liegt etwa auf dem anteiligen Niveau, das bei distributiven Dienstleistern mit Marktneuheiten erzielt wird[4].

Auch die Zahl der Innovatoren und die Zahl der Unternehmen mit Marktneuheiten ist geringer als in anderen Branchen. Die Lebensmittel- und Tabakindustrie liegt auf Platz 8 von zwölf Branchen des verarbeitenden Gewerbes. Im Jahr 2001 betrieben 57% der Unternehmen der Lebensmittelindustrie überhaupt Innovation, 17% der Unternehmen hatten Marktneuheiten[5]. Marktneuheiten werden am häufigsten von Großunternehmen, am seltensten von kleinen Unternehmen eingeführt. 19% der Unternehmen konnten in 2001 durch Innovation ihre Kosten um durchschnittlich 2,5% bis 4,5% senken[5].

Die vorstehenden quantitativen Angaben zum Innovationsverhalten der Lebensmittelindustrie liegen nur als bundesweite Erhebungen vor und sind wegen der relativ geringen Zahl an Unternehmen der Lebensmittelindustrie, die die Umfragen des Stifterverbandes bzw. des ZEW überhaupt beantworten, nicht in einer nach Bundesländern abgegrenzten Form zu erhalten. Aus diesem Grunde liegen für die Region Berlin-Brandenburg keine speziellen Angaben vor. Geht man jedoch davon aus, dass der Wirtschaftszweig in der Region sich durchschnittlich verhält, so lässt sich auf der Basis des Anteils der Region an der gesamten Lebensmittelindustrie abschätzen, dass der FuE-Aufwand, den die Lebensmittelindustrie in Berlin und Brandenburg betreibt, zwischen 5 und 25 Mio. EUR an internem FuE-Aufwand und etwa 7 bis 35 Mio. EUR für Zukäufe von Innovation betragen dürfte. Die Lebensmittelindustrie in der Region dürfte ungefähr zwischen 50 und 150 Personen als FuE-Beschäftige in der Region haben. Angesichts dieser Abschätzung ist der Markt für FuE-Kooperationen oder -Dienstleistungen in der Region also relativ gering. Angesichts der geringen Zahlen erstaunt es beinahe, dass in etlichen Segmenten innovative Unternehmen überhaupt angetroffen wurden. Allerdings spielte selbst bei diesen die technische Produktentwicklung keine herausragende Rolle.

3.2   Markttrends, Wachstumsmärkte und Nischen in der Lebensmittelindustrie

Die Beobachtung von Trends spielt im Lebensmittelbereich eine wichtige Rolle. Ein Teil des Innovationsprozesses bei der Produktentwicklung ist die Ausrichtung von Produkten auf erkannte oder vermutete Markttrends. Auch eher allgemein gehaltene Aussagen der Trendforschung wie das Vorhandensein einer „Megaströmung zu mehr Sinn (Meaning)"[46], werden von Lebensmittelentwicklern in der Regel bei der Suche nach Produktideen oder Werbebotschaften sorgfältig ausgewertet. Selbst Arbeiten über Zukunftsperspektiven der gesellschaftlichen Entwicklung unter demographischen Gesichtspunkten[47], in denen von Lebensmitteln gar nicht die Rede ist, finden sich in einschlägigen Handbüchern zur Produktentwicklung.

In der Produktentwicklung wird versucht, mit neuen Produkten möglichst viele Elemente der für relevant gehaltenen Trends abzudecken[48]:
- Megatrends allgemeiner gesellschaftlicher Natur (Materialismus und Egoismus, Individualisierung, Cocooning, Patchwork-Weltanschauungen, Autonomie von vorbestimmten Lebensmustern, Freizeitorientierung, subjektiver Zeitmangel, Auflösung des Familienverbundes, Übergang zur Informationsgesellschaft, Gesundheit)
- Marketingtrends (Globalisierung, Kundenorientierung, Markenorientierung, Designorientierung)
- Trends im Handel (Konzentrationsprozesse, Convenience-Shops, Polarisierung der Handelstypen (Discount und Hochpreissegment gewinnen zu Lasten des klassischen LEH).

Im Zusammenhang mit der Betrachtung von Trends ist es wichtig, dass im Lebensmittelmarkt in der Regel außer im Direktvermarktungssegment keine direkte Beziehung zwischen Verbraucher und Lebensmittelindustrie besteht, sondern dass die Geschäftsbeziehungen vom Handel vermittelt werden. Manche Trends gehen deshalb wahrscheinlich weder auf Verbraucherwünsche noch auf Herstellerinnovationen zurück, sondern resultieren aus den Vorlieben des Handels. Dies gilt beispielsweise für den Trend zu immer größeren Chargen uniformer Früchte im Obst- und Gemüsesegment.

Formulierungen von Food-Trends sind meist deutlich konkreter als die Aussagen der (Mega-) Trendforschung. Als Trendsegmente, in denen starkes Wachstum erwartet wird, werden von einer Vielzahl von Quellen, vom Fachbuch bis zu Werbeaussagen von Lebensmittelherstellern, die folgenden Segmente angegeben:
- Convenience Food (Hintergrund ist laut Aussagen in etlichen Interviews nicht nur der Zeitmangel zur Zubereitung des Essens, sondern auch in starkem Maße das Schwinden elementaren Basiswissens über die Zubereitung un- oder niedrigverarbeiteter Lebensmittel. Dies beschreibt auch Spiekermann[49]);
- Ethnic Food (gemeint sind fremde Küchen). Viele Gerichte aus europäischen Ländern werden allerdings ebenso wenig als fremdländisch empfunden wie Produkte, die seit langem auf dem Markt sind. Pizza und Mozarella werden z.B. häufig als fester und typischer Bestandteil der deutschen Küche angesehen, Kaffee und Tee werden ebenso wenig als Ethnic Food angesehen wie die ursprünglich aus Südamerika stammenden Kartoffeln und Tomaten. Ethno-Produkte erzielen besonders häufig in den Segmenten Obst und Gemüse (Exoten), Fertiggerichte (nass, trocken, Tiefkühl), Kaffee (Espresso), Pflanzenöle (z.B. Olivenöl) und Milchprodukte (Käsespezialitäten) im Handel höhere Margen als andere Artikel.

In einer Pressemeldung von 2002 gibt der Verpackungshersteller Tetra Pak unter Berufung auf Promar Research international die Prognose ab, dass auf Ethnic Food im Jahr 2012 zwischen 14% und 15% des gesamten Umsatzes mit Lebensmitteln entfallen werden[50]. Ob ein Produkt „Ethnic" ist oder nicht, hängt nicht nur vom Produkt ab, sondern auch von seiner Positionierung. Während verschiedene Sauermilchkäse (wie Mozarella oder Feta) oft gerade nicht als Ethnic beworben werden, so kann das bei einheimischen Spezialitäten durchaus der Fall sein (Sanddorn, die „märkische Zitrone"). Lebensmittel, die nach bestimmten religiösen Vorschriften hergestellt und entsprechend zertifiziert sind (koscher oder halal) werden in der Regel nicht als Ethnic food verstanden. Marktdaten hierzu sind schwer zu erhalten. Der Koscher-Markt in den USA hat ein Volumen zwischen 3 und 5 Mrd. USD[51]. Für den Halal-Markt sind keine Zahlen zu erhalten. Beide Märkte beginnen erst, sich zu entwickeln und spielen sowohl in Deutschland als auch in der Region Berlin-Brandenburg kaum eine Rolle mit Ausnahmen in Spezialgebieten wie dem Airline Catering. Innovationsthemen aus diesem Bereich haben meist Fragen der religiösen Akzeptanz von Gelatineprodukten aus Fischgelatine oder Rinderhaut und von GMO zum Inhalt;

- Functional Food (Lebensmittel, die einen gesundheitlichen Zusatznutzen versprechen);
- Fast Food (Das Wachstum findet vor allem in der hier nicht näher betrachteten Systemgastronomie und in Nebeneinrichtungen im Handel (z.B. Grilltheke) statt. Marktführer im Bereich Fast Food sind belegte Brötchen[52]);
- Fun Food (Der Begriff meint Nebenmahlzeiten, die mit Ausgelassenheit und Genuss verbunden werden wie Snack-Artikel, Pralinen oder Champagner. Häufig synonym mit Finger-Food verwendet);
- Bio-Lebensmittel;
- Wellness-Produkte (Im Lebensmittelhandel gehören dazu vorwiegend Obst und Gemüse, Bioprodukte, Diätprodukte, Nahrungsergänzungsmittel und Functional Food);
- veränderte Ernährungsgewohnheiten (Aufsplitterung des klassischen Dreimahlzeiten-Rhythmus, zunehmende Einzelesssituationen, Zunahme des Außer-Haus-Verzehrs, Fremde Küche/Ethnic Food, Gesundheit und Wellness, Genuss, Convenience und Umweltbewusstsein);
- Außer-Haus-Verzehr (Der Anteil des Außer-Haus-Verzehrs am gesamten Lebensmittelmarkt betrug 1993 bereits 22%. Wachstumsbereiche sind hier die Systemgastronomie, Catering und Kantinen sowie LEH-nahe Einrichtungen (wie Stehcafés oder Grillcenter) zu Lasten der klassischen Gastronomie[53]);
- Lebensmittelsicherheit und Verbrauchervertrauen (dazu eigenes Kapitel).

Mit Bezug auf konkrete Produkte nennt eine aktuelle Studie von A.C. Nielsen[54], die aus den A.C. Nielsen Marktpanels von 47 Ländern erstellt wurde, zehn Produkte, die weltweit zweistellige Wachstumsraten aufweisen, ergänzt um einige Produkte, die speziell in Europa zweistellige Wachstumsraten aufweisen.

Tabelle 3

Produkte mit zweistelligen Wachstumsraten

Produkt	Wachstum 2000 / 2001
Produkte mit weltweit zweistelligem Wachstum	
Alkoholmixgetränke aus Bier, Wein und Spirituosen	33%
Gekühlte Fertiggerichte oder -zutaten („cook and chill")	13%
Wasser (still und kohlensäurehaltig)	13%
Trinkjogurt und Getränke aus Milchprodukten (ohne einfache Trinkmilch)	13%
Gefrierfleisch	12%
Gekühlte Salate	12%
Gefrorenes Obst	10%
Gefrorener Fisch	10%
Gekühlte Soßen und Dips	10%
Produkte mit in Europa zweistelligem Wachstum	
Cerealien/Müsliriegel	22%
Sport- und Energydrinks	17%
Frischer Kuchen	n.a.
Herzhafte Brotaufstriche	n.a.
Gefrorene Suppen	n.a.

Quelle: A.C. Nielsen[54]

Dieselbe A.C.-Nielsen-Studie benennt die Aspekte Convenience, Gesundheit und Produkt- oder Kategorieneuheit als Hauptmotoren für stark wachsende Produkte. Eine andere Studie von A.C. Nielsen[55] mit Umsatzdaten aus 36 Ländern nennt außerdem Handelseigenmarken als Segment mit einem Wachstum von 10% in Deutschland, wo der Anteil von Handelsmarken bereits bei 27% liegt. In anderen europäischen Ländern ist das Wachstum ähnlich. In Osteuropa, wo Handelseigenmarken eine weit geringere Rolle von nur 2 bis 8% der Umsätze spielen, gibt A.C. Nielsen Wachstumsraten zwischen 40% und 140 % po Jahr an. Die Rabobank gibt als Strategien der meisten Markenartikler gegenüber dem Wachstum der Handelsmarken an, sich erstens auf die Geschäftsfelder mit ihren entwickeltsten Marken zu konzentrieren, zweitens Marken dazuzukaufen, oft samt den Herstellungsbetrieben, und drittens in ihren eigenen Werken Waren für Handelseigenmarken herzustellen[56]. Letzteres wurde auch bei interviewten Markenartiklern der Region angetroffen.

Die Daten der amtlichen Statistik können Informationen liefern, welche Branchen der Lebesnmittelindustrie besonders stark oder besonders schwach gewachsen sind, geben aber keine Auskünfte darüber, auf welche Produkte oder Strategien der Unternehmen oder auf welche Trends dies im Einzelnen zurückzuführen ist. Die aus der amtlichen Statistik ermittelten Daten[57] können die oben genannten Trends demnach nur bedingt untermauern, stehen aber zumindest nicht im Widerspruch mit den genannten Aussagen.

Abbildung 7

Wachstumsraten der Lebensmittelindustrie 1997 bis 2002 in % pro Jahr, bundesweit

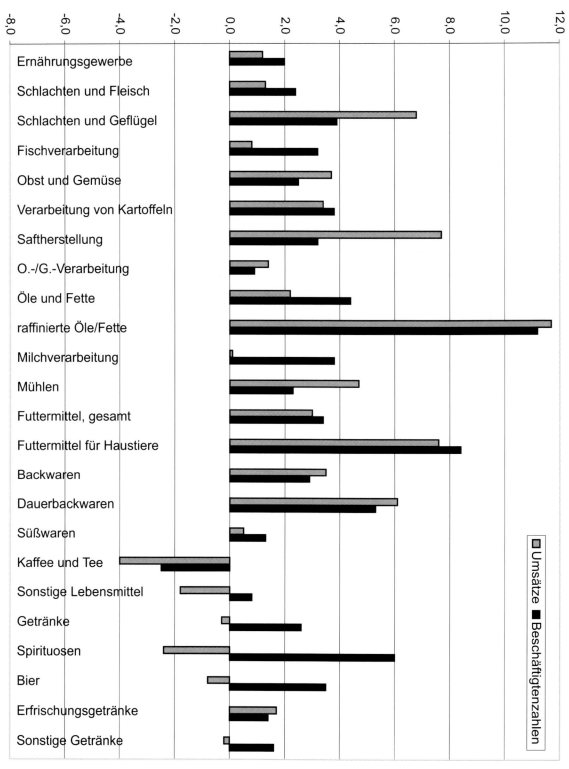

Quelle: [14]

In Berlin und in Brandenburg liegen wegen der geringen Zahl der Betriebe nur für wenige Branchen amtliche Daten vor. In Berlin weist nur die Backwarenbranche ein leichtes Umsatzplus bei sinkenden Beschäftigtenzahlen auf. Die Berliner Erfrischungsgetränkebranche weist ein leichtes Plus bei den Beschäftigtenzahlen auf; über die Umsätze liegen keine Daten vor.

Abbildung 8
Wachstumsraten der Lebensmittelindustrie in Berlin 1997 bis 2002 in % pro Jahr

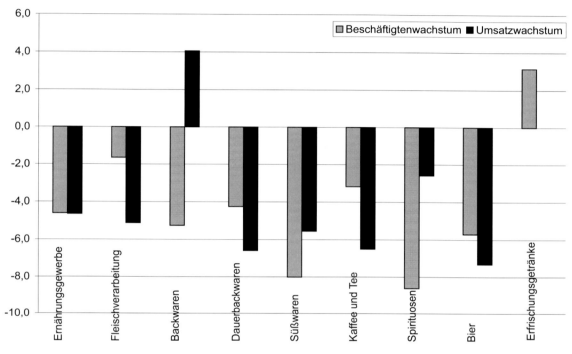

Quelle: [20, 26]

In Brandenburg ist die gesamte Lebensmittelindustrie eine Wachstumsindustrie. Während ein Umsatzwachstum von fast 5% schon erstaunlich ist, übertreffen die zweistelligen Wachstumsraten bei Erfrischungsgetränken, bei der Obst- und Gemüseverarbeitung, bei der Herstellung von Stärkeprodukten und von Futtermitteln die in der Lebensmittelindustrie üblicherweise anzutreffenden Wachstumsraten bei weitem. Dies geht nicht auf Abwanderungen aus Berlin zurück. Der Grund für das beeindruckende Wachstum liegt vielmehr darin, dass die Brandenburger Lebensmittelindustrie in vielen Branchen einen Konsolidierungsprozess erfolgreich hinter sich gebracht hat, dass viele Betriebe in Anlageninnovationen investiert haben, um ihre Wettbewerbsfähigkeit zu vergrößern und dass viele Betriebe inzwischen die Listung im LEH oder die Etablierung anderer stabiler Vertriebskanäle erreicht haben.

Abbildung 9
Wachstumsraten der Lebensmittelindustrie in Brandenburg 1997 bis 2002 in % pro Jahr

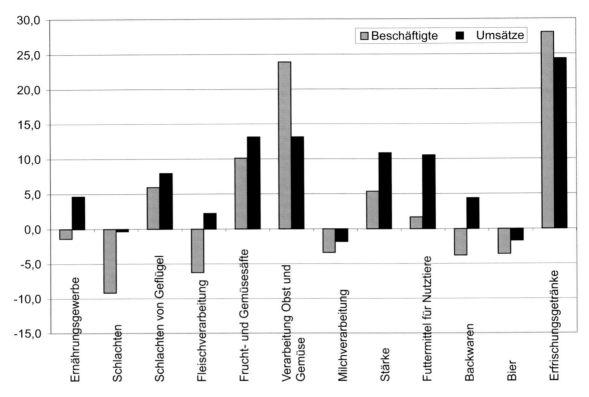

Quelle: [21, 27]

3.2.1 Verbrauchervertrauen und Lebensmittelskandale:
Die Wachstumsthemen Lebensmittelsicherheit und Eigenkontrolle

Es besteht eine erhebliche Verunsicherung der Verbraucher gegenüber der Lebensmittelindustrie. Bergmann[58] gibt dazu eine Reihe von Zahlen aus verschiedenen Untersuchungen wieder: In einer CMA-Studie von 1992 gaben nur 26% der Verbraucher an, die Industrie handle verantwortungsbewusst; 45% nahmen dies von der Landwirtschaft an. Nur 38% der Befragten gaben an, die Industrie verdiene Vertrauen, 52% gaben dies in Bezug auf die Landwirtschaft an. In einer anderen Umfrage äußerten 37% der Befragten Befürchtungen wegen Gesundheitsgefährdungen durch Nahrungsmittel und Getränke. Das Misstrauen gegenüber Nahrungsmitteln scheint stark zu wachsen.

Bergmann führt dies auf eine ganze Reihe von Faktoren zurück. Darunter sind die unterschiedlichen Anforderungen der Beteiligten an Lebensmittel, die wiederkehrenden Lebensmittelskandale und das schwindende Vertrauen in öffentliche Institutionen als Kontrollinstanzen[59]. Unterschiedliche Ansichten darüber, was ein Lebensmittel hoher Qualität ausmacht, resultieren zum Teil daraus, dass sich die Anforderungen an den Gebrauchswert von Lebensmitteln auf Seiten der Erzeuger, der Verarbeiter, des Handels und der Konsumenten deutlich voneinander unterscheiden, und dass „Genusswert" und „Gesundheitswert" häufig wenig mit einander zu tun haben.

Eine weitere Ursache für das Misstrauen der Verbraucher sind die sich periodisch wiederholenden Lebensmittelskandale. Lebensmittelskandale, bei denen nicht verkehrsfähige Lebensmittel wissentlich und in Betrugsabsicht in Verkehr gebracht wurden (Perchlorethylen im Olivenöl, 1988, Glykol im Wein, 1986, Asche und Steinmehl im Brot[60], 1855, unterscheiden sich zwar in den Details ihrer Entstehung, die auf versehentliches Inverkehrbringen (verschiedene Salmonellenausbrüche) oder auf politische Verantwortungslosigkeit (BSE) oder mangelnde Kontrollen (Pestizide im Öko-Getreide, 2003) zurückzuführen sind. In ihrer Wirkung auf den Verbraucher unterscheiden sich diese Skandale allerdings wenig. Teilweise werden bestimmte Lebensmittel noch Jahre nach solchen Skandalen gemieden[59]. Verstärkt wird dies dadurch, dass die Risikobewertung, die Verbraucher intuitiv vornehmen, teilweise erheblich von den Bewertungen der Fachwelt abweicht. Risiken werden durch den Verbraucher häufig quantitativ falsch eingeschätzt, außerdem werden als Skandal häufig Verstöße gegen die Vorschriften selbst empfunden, während Fachleute oft weniger den Verstoß als dessen Vertuschen durch Industrie, Handel, Behörden oder Politik als skandalös empfinden.

Den Vertrauensschwund in öffentliche Institutionen belegt Bergmann mit etlichen Umfragen, die dies speziell für die Lebensmittelüberwachung zeigen. Bergmann führt den Vertrauensschwund zum einen darauf zurück, dass Wissenschaftler in der Öffentlichkeit oft als uneinig und unverständlich erlebt werden. Zum anderen führt sie den Vertrauensverlust darauf zurück, dass Institutionen aus dem Bereich der Ernährungsberatung häufig lebensfremde und kaum praktikable Empfehlungen abgeben und manche Verbraucherschutzinstitutionen selbst mehr Verunsicherung als sachliche Information betreiben. Als eindrucksvolles Negativbeispiel präsentiert sie Unterrichtsmaterial der Stiftung Verbraucherinstitut, in dem allen Ernstes behauptet wird, industrielle Verarbeitung sei gleichbedeutend mit der Nutzung minderwertiger oder billiger Bestandteile. Gleichzeitig wird zum Verzicht auf Tiefkühlprodukte geraten, obwohl Tiefkühlen die nährstoffschonendste Konservierungsmethode ist. Eine aktuelle Untersuchung des Verbraucherzentralen-Bundesverbandes zeigt allerdings, dass das Misstrauen der Verbraucherschützer oft genug berechtigt ist[61]: Bei der Untersuchung von 238 Erfrischungsgetränken, die für sich einen Zusatznutzen über die Nährstoffzufuhr hinaus in Anspruch nahmen, fanden sich immerhin 14%, die falsch deklariert waren oder gegen §17 LMBG verstießen. Auch in den Produkten, die die Verbraucherzentralen immerhin für verkehrsfähig hielten, fanden sich sehr häufig Zusätze, deren Nutzen nicht belegt oder gar widerlegt schien, Zusätze in so geringen Mengen, dass sie in keinem Verhältnis zu den Werbeaussagen standen oder in so hohen Mengen, dass sie um ein mehrfaches über den Empfehlungen des BFR lagen.

Die Risiken

Mikrobiologische Risiken werden meist als größer eingeschätzt als toxikologische Risiken[62]. Die Gesundheitsberichterstattung des Bundes[63] nennt als lebensmittelbedingte Krankheiten sogar ausschließlich durch Lebensmittel übertragene Infektionskrankheiten. Salmonellenerkrankungen (verschiedene Stämme) sind stark rückläufig (2001: 77.000 Fälle pro Jahr). Campylobacter (verschiedene Stämme, 2001: ca. 30.000 Fälle) Yersinien (verschiedene Stämme, ca. 4.500 Fälle) und einige weitere Bakterien scheinen als lebensmittelübertragene Keime ebenso an Bedeutung zu gewinnen wie virale Infektionen durch Rotaviren (2001: 47.000 Infektionen), durch Viren, die zur

Gruppe der Small-round-structured (SRSV) Viren gehören wie Norwalk-Virus, Norwalk-like-Viren und andere (2001: 9.000 Fälle) oder Hepatitis A (2001: 2.000 Fälle, von denen vermutlich mehr als die Hälfte im Ausland erworben wurde). Durch das hohe Sicherheitsbewusstsein aller, die mit rohem Fleisch arbeiten, spielen Trichinenartige praktisch keine Rolle mehr (2001: 5 Fälle).

Staatliche Maßnahmen

Der gesellschaftliche Bedarf an sicheren Lebensmitteln und das hohe Misstrauen der Verbraucher führen dazu, dass das Thema „sichere Lebensmittel" in der staatlichen Forschungsförderung regelmäßig mit Fördermitteln bedacht wird. Aktuelle Themen sind hier die Rückverfolgbarkeit von Lebensmitteln durch ihren Herstellungsprozess, Allergennachweise, Hygienemanagement und weitere Themen. Allein das BMB+F wendet laut Faktenbericht Forschung für die Forschung zum Thema sichere Lebensmittel und gesundheitsfördernde Verarbeitung seit 1998 jährlich zwischen 40 und 50 Mio. EUR auf[43]. Außerdem fördert die öffentliche Hand eine Reihe von Verbraucherschutzorganisationen, die unabhängige Begutachtungen vornehmen lassen. Die Staatliche Lebensmittelüberwachung ist im Lebensmittel- und Bedarfsgegenständegesetz (LMBG) geregelt und unterliegt der Hoheit der jeweiligen Länder. In der Regel wird sie von Personen mit tierärztlicher Ausbildung wahrgenommen, insbesondere in der Fleischverarbeitung. Es sind aber auch Lebensmitteltechnologen in diesem Bereich anzutreffen; Lebensmittelchemiker, Biologen oder Chemiker mit Zusatzqualifikationen sind seltener. Die Durchführung der amtlichen Lebensmittelüberwachung liegt in Berlin und Brandenburg bei den Kommunen, die sowohl die Lebensmittel- und Arzneimittelüberwachung als auch die Veterinärüberwachung wahrnehmen. Diese bedienen sich dabei zentralisierter Labore in Berlin und Frankfurt/Oder.

Die ministeriale Seite des gesundheitlichen Verbraucherschutzes untersteht der neu eingerichteten europäischen Lebensmittelbehörde in Brüssel, die sich vorwiegend mit der Analyse von Risiken beschäftigt und den neu aufgestellten Ressorteinrichtungen des BMVEL - dem Bundesinstitut für Risikobewertung in Berlin (BFR) und dem Bundesamt für Verbraucherschutz und Lebensmittelsicherheit (BVL) in Bonn. Das BFR nimmt hier stärker wissenschaftliche Aufgaben, das BVL stärker behördliche Aufgaben wahr.

Der Bereich der Lebensmittel weist eine erheblich höhere gesetzliche Regulierungsdichte auf als andere Branchen. Ein Sammelsurium von Vorschriften, Gesetzen, Verordnungen und Richtlinien von Ländern, dem Bund und der EU soll teilweise den Verbraucher, teilweise Handwerk und Handel schützen. Teilweise werden die Bestimmungen überlagert von den WTO-Vorschriften, die den freien Warenverkehr sicherstellen sollen, solange Waren dem Codex Alimentarius entsprechen. Darüber hinaus existiert noch eine Vielzahl von Leitsätzen des deutschen Lebensmittelbuches, in dem die allgemeine Verkehrsauffassung über die Beschaffenheit einzelner Lebensmittel festgelegt ist, und eine Reihe von Richtlinien der Fachverbände. Dieses Dickicht an Regelungen ist nur teilweise für die Lebensmittelsicherheit relevant, erschwert aber teilweise erheblich den Entwicklungsprozess. Ein einschlägiges Handbuch nennt unter der Überschrift „die wichtigsten lebensmittelrechtlichen Vorschriften" nicht weniger als 56 Gesetze und Verordnungen zu den Produkten und weitere 16 Gesetze und Verordnungen allein zur Lebensmittelkennzeichnung[64]. Kuriosa wie das RkReÜAÜG M.V. (Rinderkennzeichnungs- und Rindfleischetikettierungsüberwachungsaufgabenübertragungsgesetz des Landes Mecklenburg-Vorpommern), das 1999 im Landtag von Mecklenburg-Vorpommern beraten wurde, nicht eingerechnet[65].

EU-Regelungen gelten meist unmittelbar. Die EU-Basisverordnung 178/2002[66] regelt das Lebensmittelrecht neu. Einige Teile, so die Errichtung der Europäischen Lebensmittelbehörde sind bereits in Kraft, weitere Teile - insbesondere zur Lebensmittelsicherheit und Rückverfolgbarkeit und zur unternehmerischen Haftung - treten zum 1. Januar 2005 in Kraft. Bis zum 1. Januar 2007 müssen die lebensmittelrechtlichen Regelungen der Mitgliedsstaaten angepasst sein. Es wird erwartet, dass in Deutschland dann ein Lebensmittel- und Futtergesetzbuch das LMBG und eine Vielzahl von Verordnungen ersetzen wird[67].

Betriebliche Maßnahmen

Vorrang vor der staatlichen Überwachung der Lebensmittelherstellung hat im betrieblichen Geschehen die Eigenkontrolle der Hersteller gemäß der Lebensmittelhygieneverordnung (LMHV). In §4 LMHV sind Betriebseigene Maßnahmen und Kontrollen (BMK) vorgesehen, die der Überwachung und Sicherstellung der hygienischen Einwandfreiheit und Sicherheit dienen. Diese BMK müssen künftig (mit Inkrafttreten unmittelbar geltender europäischer Lebensmittelhygienevorschriften, das für 2006 erwartet wird) dem HACCP-Konzept (Hazard Analysis and Critical Control Points) entsprechen, von dem sie sich im Wesentlichen dadurch unterscheiden, dass für die BMK keine Dokumentation zwingend vorgeschrieben ist. Quer durch die gesamte Lebensmittelindustrie ist deshalb die Einführung von HACCP-konformen Eigenkontrollsystemen zur Zeit ein wichtiges Thema. Im Wesentlichen besteht das System darin, hygienerelevante Kontroll- und Lenkungspunkte innerhalb der Produktion zu definieren, die überwacht und dokumentiert werden. Das können z.B. Kühlschranktemperaturen sein, dazu gehören aber auch die persönliche Hygiene des Personals, die hygienische Behandlung der Werkzeuge durch ausreichend hohe Spülmaschinentemperaturen, die ausreichende Erhitzung von Speisen, die Pathogenfreiheit an vorher festgelegten Kontrollpunkten und ähnliche Maßnahmen. Die CCPs umfassen nicht nur hygienisch kritische Kontrollpunkte, sondern auch andere Gefahren, die von Lebensmitteln ausgehen könnten. Insbesondere wird in allen Betrieben hoher Aufwand betrieben, um mögliche Verunreinigungen des Produktes mit Glas, Metall oder Laugen aus Flaschenspülanlagen auszuschließen. Besonders ausgefeilt und im Trend sind Systeme, die HACCP-Erfordernisse mit den jeweiligen Qualitätsmanagement-Programmen der Betriebe zu einem CMCP (Critical Manufacturing Control Points) – System verknüpfen, das Sicherheits- und Qualitätsmanagement zusammenführt.[68] Auch beim International Food Standard (IFS) handelt es sich um ein Eigenkontrollsystem.

Der IFS ist ein Zertifizierungssystem, das von der Bundesvereinigung deutscher Handelsverbände entwickelt und eingeführt wurde. Auch die Organisation der französischen Handelsverbände ist dem System beigetreten, der Beitritt weiterer europäischer Handelsverbände wird erwartet. Der IFS ist ein System, das auf den einschlägigen Aussagen des Codex Alimentarius, verschiedenen ISO-Normen und den GMP-Standards beruht. IFS-Zertifizierungen können in zwei Niveaus - Basisniveau und gehobenes Niveau - erworben werden. Der Mindestumfang an K.O.-Kriterien beinhaltet die Kategorien HACCP-System, Rückverfolgbarkeit, definierte Verantwortlichkeit im Management und Korrekturmaßnahmen bei Abweichungen. Der IFS-Standard ist seit Anfang 2003 freigegeben. Da praktisch alle Handelsunternehmen (u.a. Metro AG, REWE, EDEKA, ALDI, Tengelmann, AVA, tegut, Markant, Lidl, Spar, COOP, Schweiz, Migros, Schweiz, und Globus) eine IFS-Zertifizierung ihrer Lieferanten als Voraussetzung für eine Listung bereits verlangen oder bis Ende 2004 verlangen werden, darf davon ausgegangen werden, dass dieser

Standard sich auch durchsetzt. In Betrieben der Region wurden häufig Unternehmen angetroffen, die diese IFS-Zertifizierung bereits haben oder daran arbeiten, sie zu erlangen. In einigen interviewten Betrieben wurden auch Eigenkontrollsysteme angetroffen, die nach Zertifizierungsregeln anderer Länder bzw. anderer Standards zertifiziert sind, da dies sowohl den Export erleichtert als auch dem Sicherheitsbedürfnis von Betriebsleitern und Unternehmern entgegenkommt. Manche Branchen haben zudem branchenspezifische Systeme entwickelt (z.B. Q+S im Fleischbereich).

Neben den klassischen Methoden, mikrobiologische Risiken einzudämmen - wie der Pasteurisierung oder der Trocknung - ist die Anwendung neuer Verarbeitungsverfahren, die neben der Bearbeitung der Lebensmittel Effekte auf Mikroorganismen, Sporen oder potenziell lebensmittelverderbende Enzyme haben, Gegenstand intensiver Forschung und Entwicklung. Zu diesen Verfahren gehören Bestrahlung mit ionisierender Strahlung, Mikrowellenbehandlung, Hochspannungsverfahren („Ohmsches Erhitzen"), Hochdruckverfahren sowie gepulste elektrische Felder und Beleuchtung[69].

Für chemische oder mikrobiologische Labortätigkeiten, die im Rahmen von Lebensmitteluntersuchungen anfallen, existieren etliche akkreditierte bzw. zertifizierte Prüflabors, die Dienstleistungen in diesem Bereich anbieten. Einige Dienstleister bieten sogar an, das komplette Hygienemanagement zu übernehmen.

Im Bereich der Lebensmittelanalytik bestand schon immer ein gewisser Markt für Ausgründer aus Forschungsinstituten, die Dienstleistungen oder Analytikprodukte anbieten. Durch die Verfügbarkeit neuer Analysemethoden, speziell der PCR, und durch wachsende analytische Ansprüche der Hersteller ist davon auszugehen, dass dieser Markt wachsen und auch weiterhin Nischen für einzelne Gründer bieten wird.

Etikettierung: GMO und Novel Food als Abschreckung

Ein besonderer Effekt beim Innovationsverhalten der Lebensmittelindustrie ist die Regulierung der Angaben auf dem Etikett. Da die Industrie davon ausgeht, dass Verbraucher massive Aversionen gegen Angaben auf dem Etikett haben, bei denen dem Verbraucher unbekannte Zutaten deklariert werden, deren Nutzen oder Zusatznutzen sich nicht unmittelbar erschließt, werden Innovationen häufig so gestaltet, dass ohne deklarationspflichtige Zusatzstoffe gearbeitet wird, soweit dies möglich ist. Dies gilt nicht nur für den Bereich der gut eingeführten Zusatzstoffe, sondern ganz besonders für GMO-haltige Lebensmittel. Die Lebensmittelindustrie ist deshalb derzeit nicht bereit, GMO-haltige Produkte zu verarbeiten, sofern sich dies irgendwie vermeiden lässt. Es kann davon ausgegangen werden, dass GMO-haltige Produkte erst dann eine Rolle spielen, wenn sie einen klaren Zusatznutzen für den Endverbraucher haben, da dieser ansonsten zu Recht oder zu Unrecht davon ausgeht, die Innovation habe den Zweck, ihn zu übervorteilen. Produkte, bei denen die GMO nur einen Nutzen für den Landwirt (herbizidresistente Sorten), den Verarbeiter (stärkespaltende Bierhefe) oder den Handel (langsamer faulende Tomate) bringen, werden vermutlich auf absehbare Zeit ohne jede Marktakzeptanz bleiben. Ähnliches gilt für Produkte, die der Novel-Food-Verordnung unterliegen. Letzteres kann neben der Einführung neuer Rohstoffe insbesondere die Einführung völlig neuartiger Verfahren deutlich verlangsamen.

3.2.2 Wachstumsthema Öko

Ökologisch erzeugten Lebensmitteln zu größerem Umsatzwachstum und höheren Marktanteilen zu verhelfen ist ein erklärtes Ziel der Bundesregierung. In Interviews in der Region äußerten sich Vertreter der Lebensmittelindustrie dazu mehrheitlich ebenso skeptisch wie Vertreter der Wissenschaft. Im Folgenden soll dieser Wachstumstrend eingehender betrachtet werden.

Was ist Öko?

Da neben dem relativ klaren Rechtsrahmen des Biosiegels des BMVEL und der EU-Öko-Landbauverordnung eine Reihe weiterer, teilweise sehr unterschiedlicher Definitionen für den Begriff „öko" existieren, ist es zunächst erforderlich, einzugrenzen, welcher Definition von Öko detaillierter nachgegangen werden soll.

Traditionell–puristische Auffassungen

Das Thema Öko gemäß puristischer Definitionen hat in Berlin-Brandenburg große Tradition: Die Neuform-Reformhäuser berufen sich beispielsweise auf das 1887 von Carl Braun in Berlin gegründete Einzelhandelsunternehmen „Gesundheitszentrale"[70]. Auch die EDEN Gemeinnützige Obstbausiedlung Oranienburg-Eden gehört zu den frühen Beispielen in der Region. Die Naturheilbewegung mit Namen wie Prießnitz, Kneipp, Hufeland und Felke, die Vegetarierbewegung, Antialkoholiker, Jugend- und Wandervogelbewegung, Freikörperkultur und „Lebensreformer" sind die Wurzeln, auf die in der Region eine Tradition zurückgeht, die durch alle politisch äußerst unterschiedlichen Zeiten erhalten blieb.

    Puristische Definitionen von Ernährungsformen, die sich selbst als ökologisch, gesund, organisch u.s.w. bezeichnen haben häufig gemeinsam, dass minimale Verarbeitung und Verpackung der Lebensmittel ebenso propagiert werden wie deren möglichst regionaler Ursprung. Zusätze von Düngemitteln und Pflanzenschutz bei der Erzeugung werden meist ebenso abgelehnt wie der Zusatz von Hilfsmitteln bei der Verarbeitung. Oft beinhalten die Definitionen noch weltanschauliche Elemente von religiösem, mystischem oder esoterischem Charakter, die sich im Detail oft sehr weit voneinander unterscheiden. Die wirtschaftliche Bedeutung puristischer Formen der Öko-Ernährung dürfte eher gering sein. Es konnten auch keine Hinweise darauf gefunden werden, dass die Anhängerschaft nennenswert wächst. Reformhäuser machen knapp 60% ihres Umsatzes mit Lebensmitteln (der Rest sind diätetische Lebensmittel, freiverkäufliche Arzneimittel und Kosmetika). Bei einem Gesamtumsatz im Jahr 2002 von 671 Mio. EUR entfallen somit etwa 396 Mio. EUR (zu Endverbraucherpreisen) auf Lebensmittel, die in Deutschland und Österreich abgesetzt werden. Da 84% der Reformhäuser in Deutschland sind, lässt sich ein Umsatz von ca. 300 bis 350 Mio. EUR in Deutschland abschätzen. Das entspricht zwischen 0,1% und 0,3% des Gesamtumsatzes mit Lebensmitteln. Diese Abschätzung steht im Einklang mit einer repräsentativen Umfrage der Bundesanstalt für Ernährung von 1991[71], in der jeweils 0,3% oder weniger der Befragten angaben, alternative Kostformen wie Vollwerternährung, makrobiotische oder anthroposophische Ernährungsformen streng zu praktizieren. 1,2% der Befragten gaben an, vegetarische Ernährung streng zu betreiben. In derselben Befragung gaben immerhin zwischen 4% und 5% der Befragten an, vegetarische oder Vollwerternährung zu praktizieren, allerdings nicht sehr streng.

Öko gemäß Öko-Richtlinie oder Bio-Siegel

Das Biosiegel des Bundesministeriums für Verbraucherschutz, Ernährung und Landwirtschaft folgt im Wesentlichen der EG-Öko-Verordnung[72]. Es wurde im September 2001 eingeführt. Im September 2003 hatte das Siegel 730 Nutzer, die damit knapp 19.000 Produkte gekennzeichnet haben[73]. Von bundesweit 22 gemäß Artikel 9 der EG-Öko-Verordnung zugelassenen Kontrollstellen (im September 2003[74]) haben zwei ihren Sitz in Berlin, eine in Brandenburg. Unabhängig vom Ort des Firmensitzes sind jeweils 14 Kontrollstellen für Zertifizierungen in Berlin und Brandenburg zugelassen. Die Kennzeichnung mit dem Bio-Siegel bedeutet im Wesentlichen den Verzicht auf Bestrahlung von Lebensmitteln, GMO-Einsatz, Pflanzenschutz mit chemisch-synthetischen Mitteln und die Düngung mit leicht löslichen mineralischen Düngern. In der ökologischen Lebensmittelverarbeitung sind weniger Zusatzstoffe erlaubt als in der konventionellen. Mindestens 95% der Inhaltsstoffe landwirtschaftlichen Ursprungs müssen aus ökologischem Landbau stammen.

Das Bio-Siegel ist auch für Nichtpuristen praktikabel, bleibt dafür aber häufig hinter den Kennzeichnungen der ökologischen Anbauverbände (Biokreis, Bioland, Biopark, Demeter, Ecovin, Gäa, Naturland oder Ökosiegel) zurück. Neben diesen Zeichen existieren mindestens zehn Kennzeichen, die von Handelsunternehmen für ihre jeweiligen Öko-Produktlinien verwendet werden. Das Öko-Siegel ist markenrechtlich durch das Bundesverbraucherministerium geschützt, das Inhaber der Markenrechte ist. Das Öko-Kennzeichengesetz und die Öko-Kennzeichenverordnung regeln die Verwendung im Einzelnen ebenso wie die Sanktionen bei missbräuchlicher Verwendung.

Was nützt Öko?

Vorteile gegenüber konventionell erzeugten Lebensmitteln konnten am Produkt bisher nicht nachgewiesen werden, auch ernährungsmedizinische Studien, mit denen ein gesundheitlicher Vorteil des Verzehrs von Bio-Produkten nachgewiesen werden könnte, liegen nicht vor[75]. Der Prozessqualität der Erzeugung von Bio-Lebensmitteln werden allerdings Vorteile wie höhere Naturverträglichkeit zugestanden[75]. Verschiedene Außenseiterverfahren messen auch am Produkt selbst reproduzierbare Unterschiede zwischen konventionell und ökologisch erzeugten Produkten. Es handelt sich allerdings in allen Fällen um nicht validierte Verfahren (d.h. es ist auch der Fachwelt unklar, was diese Verfahren genau messen). Einige der Urheber geben zudem an, Qualitäten wie „Vitalaktivität", „innere Differenzierung" und Ähnliches zu messen, deren Bedeutung nicht exakt definiert ist und deren Eignung zur Qualitätsbeurteilung von Lebensmitteln von der überwältigenden Mehrheit der Wissenschaft bestritten wird[76]. Der Senat der Bundesforschungsanstalten im Geschäftsbereich des Bundesministeriums für Verbraucherschutz, Ernährung und Landwirtschaft (BMVEL) empfiehlt daher, die Außenseitermethoden auf naturwissenschaftlich-statistischer Grundlage zu validieren. Auch wenn eine Validierung der Messmethoden nicht notwendigerweise Aussagen über die Lebensmittelqualität erlaubt, so werden doch bereits Methoden als hilfreich angesehen, mit denen sich konventionell erzeugte Produkte von Öko-Produkten überhaupt unterscheiden lassen.

Schrittmacher im Öko-Sektor

Der Öko-Sektor hat im Wesentlichen zwei besonders aktive Wegbereiter: Der eine Schrittmacher ist Karl Ludwig Schweisfurth. Der Kaufmann und Metzgermeister baute sein Unternehmen zum größten und profitabelsten industriellen Fleischverarbeiter Europas aus, bis er es 1985 an den Nestlé-Konzern verkaufte. Er gründete die Schweisfurth-Stiftung, die mehrere renommierte Preise verleiht und äußerst lesenswerte Visionen und Streitschriften zum Öko-Landbau herausgibt[77,78] und außerdem seit 20 Jahren erhebliche Beiträge dazu leistet, das Thema Öko aus esoterischem Kontext zu befreien. Er gründete auch die Hermannsdorfer Landwerkstätten, die in Vorzeigebetriebe beweisen, dass ökologisches Wirtschaften ökonomisch machbar ist. Die Hermannsdorfer Landwerkstätten verarbeiten Pflanzen und Tiere unmittelbar vor Ort zu Lebensmitteln und entwickelten zusätzlich zu den Anbaurichtlinien der Öko-Verbände eigene neue Tierhaltungsmethoden und Lebensmittelqualitätsanforderungen. Darüber hinaus betreiben sie ein ökologisch orientiertes Bildungswerk.

Der andere Schrittmacher einer Orientierung auf Bio-Lebensmittel ist die rot-grüne Bundesregierung, insbesondere das unter der Ministerin Künast zum Ministerium für Verbraucherschutz, Ernährung und Landwirtschaft (BMVEL) umgebildete Landwirtschaftsministerium. Das Internetportal oekolandbau.de, das von der Geschäftsstelle Bundesprogramm Ökologischer Landbau in der Bundesanstalt für Landwirtschaft und Ernährung (BLE) betrieben und vom BMVEL finanziert wird, hält ausführliche Informationen bereit - speziell auch für Erzeuger und Verarbeiter, die den Einstieg in den Sektor Öko erwägen, bis hin zu einer Preisdatenbank für Öko-Produkte auf der Basis der ZMP-Erhebungen für das Jahr 2002[79].

Wirtschaftliche Aspekte

Mehr als 50% der ökologisch bewirtschafteten Fläche befinden sich in Bayern und Baden-Württemberg. Berlin und Brandenburg tragen nur mit 3,6% zur ökologisch bewirtschafteten Gesamtfläche bei[80]. Der Beitrag Berlin-Brandenburgs zum gesamten deutschen Öko-Landbau ist deutlich geringer als Brandenburgs Anteil an der gesamten deutschen Landwirtschaftsfläche von etwa 8%. Der Umsatz ökologischer Lebensmittel betrug 2002 2,7% des Gesamtumsatzes mit Lebensmitteln[81]. Für das Jahr 2001 wird die Größe des Öko-Marktes mit 2 bis 2,5 Mrd. EUR angegeben[82], von denen nur zwischen 25% und 35% im konventionellen LEH abgesetzt werden, der Rest über alternative Absatzwege[83]. Für den deutschen Ökomarkt wird mit Wachstumsraten zwischen 10% und 15%[84] gerechnet. Neben eigenständigen Handelsstrukturen steigt der LEH derzeit in den Markt der Öko-Lebensmittel ein; es wird deshalb mit verstärktem Wettbewerb und verstärktem Preisdruck in diesem Segment gerechnet.

Als betriebswirtschaftliche Hauptaspekte gibt oekolandbau.de an, dass von „Bio-Kunden" ein Mehrpreis von 20% bis 30% meist akzeptiert werde, dem nachstehende Kostenfaktoren entgegenstehen:
- Höhere Kosten für Rohstoffe und sonstige Zutaten
- Getrennte Rohstoffbeschaffung und oder Erfassung von biologisch und konventionell erzeugten Waren
- Trennung in Lagerung und Verarbeitung von konventionellen und biologisch produzierten Waren
- Warenflussdokumentation (Transparenz)

- Verarbeitung kleinerer Chargen
- Produktentwicklung
- Aufbau einer eigenen Vermarktungsschiene
- Mitarbeiterschulung
- Zusatzsaufwendungen für die Kontrollen
- möglicherweise Lizenzen für Warenzeichennutzung

Wendt und andere geben eine Mehrpreisbereitschaft von 20 bis 25% an[85]. Eine Studie des Marktforschungsunternehmens Dialego vom August 2001 gibt an, dass nur ca. 22% der Verbraucher nicht bereit sind, mehr für Bio-Produkte auszugeben und dass 44% der Verbraucher bis zu 10% Preisaufschlag und weitere 28% sogar Aufschläge bis 20% akzeptieren[86].

Aktuelle Einzeldaten zum Ökomarkt, speziell auch zum Verbraucherverhalten im Zusammenhang mit Bio-Produkten, können von der ZMP bezogen werden. Betrachtungen für die Einzelsegmente des Öko-Marktes im LEH sind deshalb hier nur knapp wiedergegeben und beruhen auf einer Recherche im November 2003[87]:

- Segment Milch[88]: Der Produktionsanteil liegt bei etwa 1,4% der Gesamtmilchproduktion. Im LEH beträgt der Anteil der Öko-Milch an der Trinkmilch (in l) etwa 2% der gesamten Trinkmilch (etwa 3% des Umsatzes). Öko-Trinkmilch wird mit einem Preisaufschlag zwischen 16 und 37% verkauft. Der Markt wird als stark unter Druck stehend bezeichnet, da die Produktion von Öko-Milch bereits heute höher ist als der Absatz und außerdem durch Importe unter Druck steht. Brandenburg hat bei Milchkühen einen Ökoanteil von etwa 2%.
- Segment Gemüse[89]: Der Produktionsanteil von Ökogemüse liegt bei 7% (auf 8% der Anbaufläche). Der Absatzanteil liegt laut GfK-Datenanalyse bei etwa 5,5%. Die Erzeugerpreise sind durch Importware stark unter Druck. Im LEH liegt der Umsatzanteil von Öko-Gemüse durchschnittlich bei 3%; besonders hoch ist er mit 5,4% bei Möhren. Der LEH fordert bei Gemüse große einheitliche Partien, die bei günstigen Preisen professionell aufbereitet sind, hier schienen Importwaren auch bei guter Verfügbarkeit heimischer Waren einen Konkurrenzvorteil zu haben. Außerdem scheinen LEH-Einkäufer Bio-Ware gerne über die gleichen Kanäle zu beziehen, über die sie auch konventionelle Ware beziehen.
- Segment Öko-Obst[89]: Der Produktionsanteil beträgt 5%, die auf 8% der Obstanbaufläche erzeugt werden. Bio-Obstanlagen haben in der Regel eine geringere Bestandsdichte und deshalb geringere Erträge. Der Bio-Obstmarkt in Deutschland wird zu 40 bis 50 % durch Importe aus der EU und aus Übersee gedeckt. Hauptprodukte sind Äpfel, Pflaumen und Erdbeeren. Der Umsatzanteil von Bio-Ware im LEH beträgt 2% (wobei überhaupt nur ca. 18% der Haushalte Obst im LEH einkaufen). Am höchsten ist er mit 5,1% bei Zitronen. Auch beim Obst bevorzugt der LEH den Einkauf über die gleichen Lieferantenstrukturen, über die auch konventionelle Ware bezogen wird.
- Segment Fleisch[89]: Der Bio-Anteil beträgt in der Produktion bei Rindfleisch 3,7%, bei Schweinefleisch 0,4% und bei Schaf- und Ziegenfleisch 7%. Im LEH beträgt der Absatz von Bio-Fleisch etwa 3%, wobei nur 6% der Haushalte Frischfleisch im LEH einkaufen und nur 14% der Haushalte dort Fleisch- und Wurstwaren einkaufen. Dieser Anteil dürfte nach Einschätzung des Autors mit der Verfügbarkeit von 2° C-Kühltechnik im Handel deutlich ansteigen. Mit einem Anstieg der Nachfrage nach Qualitätsfleisch wird allgemein nicht gerechnet.
- Segment Eier: Die Nachfrage nach Bio-Eiern unterlag extremen Schwankungen. Nach einem Boom im Zuge des BSE-Skandals und einem Umsatzrückgang von fast 80% nach dem

Nitrofen-Skandal hat sie sich stabilisiert und es wird nur noch von geringem Wachstum ausgegangen. Der Produktionsanteil beträgt 1,75%. 40% der Produktion werden über den LEH abgesetzt, was erheblich höher ist als bei anderen Bio-Lebensmitteln.

- Getreide: Der Anteil des Bio-Getreides beträgt etwa 2% der Anbaufläche und etwa 1% der Produktionsmenge. Der Umsatzanteil von Öko-Brot beträgt laut GFK-Panel etwas 5%. Die Abweichung ist erklärlich, da ein Anteil der Getreideproduktion für Industrieprodukte wie Stärke und Alkohol verarbeitet wird, bei denen Öko keinerlei Bedeutung hat, und da speziell Brot das Leitprodukt der Öko-Produkte ist. Einem hohen Angebot stand eine hohe Auslandsnachfrage gegenüber, was zu einer leichten Preisstabilisierung geführt hat. Es wird ein konstantes Preisniveau erwartet.

- Bio-Speisekartoffeln: Der Anteil an der Anbaufläche liegt bei 4%, der Anteil an der Produktion bei 1% und im Handel bei 7%. Der Preisaufschlag beträgt 120%. Da speziell bei Kartoffeln praktisch alle großen Handelsketten einschließlich der Discounter eingestiegen sind, wird mit einem weiteren Wachstum gerechnet.

Bedeutung für die Region Berlin-Brandenburg

Die in der Region befragten Unternehmen äußerten sich über das Geschäftsfeld Bio-Erzeugnisse fast ausnahmslos skeptisch. Sämtliche befragten Unternehmen waren gut informiert über die Anforderungen, die sie erfüllen müssen, wenn sie Bio-Produkte herstellen wollen. Fast alle Unternehmen äußerten auch, dass Sie grundsätzlich in der Lage seien, diese Anforderungen zu erfüllen. Etliche Unternehmen haben in die eigene Qualifizierung zur Öko-Produktion investiert. Einige Unternehmen haben bereits versuchsweise Bio-Produktlinien aufgelegt. Sämtliche Betriebe, die Handelsmarken herstellen, haben Bio-Produktlinien wieder eingestellt, da weder Mindesttonnagen für eine wirtschaftliche Produktion zu erreichen waren, noch die Preisflexibilität der Verbraucher vorhanden war. Wenige Betriebe, vor allem Hersteller von Rohstoffen für andere Lebensmittelunternehmen, haben zusätzlich zu ihrer konventionellen Produktion eine Öko-Produktlinie. Die Nachfrage ist jedoch in allen Fällen so schwach, dass die wirtschaftliche Bedeutung dieser Produktlinien für den jeweiligen Betrieb eher gering ist. Wenige Betriebe produzieren erfolgreich Öko-Lebensmittel und haben damit stabile Marktnischen gefunden. Es handelt sich fast durchweg um Unternehmen, die relativ niedrig verarbeitete Produkte wie Brot oder Saft herstellen und dabei demonstrieren, dass eine Öko-Produktion mit industriellen Produktionsmethoden in Einklang zu bringen ist.

Obwohl Berlin-Brandenburg im Rahmen der Primärerzeugung nicht besonders bedeutend für das Gesamtsegment ist[80], ist in Brandenburg der Anteil der ökologisch bewirtschafteten Fläche mit 8,3% der gesamten Landwirtschaftsfläche (entsprechend 110.170 ha) höher als in allen anderen Bundesländern[90]. Ökologisch wirtschaftende Landwirtschaftsbetriebe in Brandenburg erzielten auch gegenüber konventionell wirtschaftenden ein etwas besseres Ergebnis, was aber im Wesentlichen auf höhere Subventionen zurückzuführen ist[90]. Die Aufwendungen für Material und Saatgut sind im Bereich der ökologischen Landwirtschaft niedriger, die Lohnkosten höher als im konventionellen Bereich.

Über die tatsächliche Größe und Bedeutung des Öko-Segmentes in der Region im Bereich der Verarbeiter sind im Gegensatz zur Primärproduktion praktisch keine Daten zu ermitteln. Ihr Anteil dürfte vermutlich in der Größenordnung der Erzeugung liegen. Der Anteil dürfte etwas höher sein als die Daten über Verkäufe im LEH wiedergeben, da verschiedene Formen des Direktvertriebs im Öko-Segment eine große Rolle spielen. Mit dieser Einschränkung ist allerdings abzuschätzen, dass das Öko-Segment trotz hoher Wachstumsraten keine besonders große Rolle bei den Verarbeitern in der Region spielt. Das Vorhaben der Bundesregierung, den Anteil der ökologisch bewirtschafteten Fläche bis zum Jahr 2010 auf 20% zu erhöhen, bedeutet selbst im Falle des Gelingens wegen der geringeren Erträge keinen Anteil von 20% bei den Produkten, die der Verbraucher kauft. Selbst bei Umsetzung des 20%-Ziels im Bereich der landwirtschaftlichen Fläche kann beim verarbeitenden Gewerbe wohl nur von einem Anteil von etwa 10% ausgegangen werden. Dafür wäre eine jährliche Wachstumsrate von ca. 15% erforderlich, die in Übereinstimmung mit dem liegt, was z.B. in (84) prognostiziert wird. Auf der Ebene der Handelsmarkenhersteller und anderer Betriebe mit tonnagestarken großen Werken spielt Bio zur Zeit praktisch keine Rolle und wird auf Grund der erforderlichen Chargengrößen vermutlich erst dann eine Rolle spielen, wenn die Nachfrage des Handels deutlich wächst. Zur Bedeutung des Segments Öko in der Region bei mittelgroßen bis kleinen Verarbeitern konnten keine Daten ermittelt werden. Ebenso wenig zum Öko-Anteil im Gesamt-Lebensmittelmarkt in Berlin und Brandenburg. Es wird erwartet, dass in diesem Segment etliche wachstumsstarke Nischen entstehen, dass aber die regionale volkswirtschaftliche Bedeutung nicht mit Riesenschritten zunehmen wird. Die regionale Vermarktung Brandenburger Produkte auf dem Berlin-Brandenburger Ökomarkt spielt derzeit nur eine relativ geringe Rolle. Bereits 1999 kam die Enquetekommission „Zukunftsfähiges Berlin" des Abgeordnetenhauses von Berlin zu dem Schluss, dass die Vernetzung von Brandenburger Erzeugern mit regionalen Verarbeitern und die Präsenz regionaler Produkte auf dem Markt insbesondere im Öko-Sektor sehr gering ist und Wachstum in diesem Bereich deshalb möglich sein sollte[91]. Eine ausführliche Studie führt dies auf die geringe Bedeutung von Öko-Verarbeitern in der Region zurück und prognostiziert gute Chancen zur Etablierung regionaler Wertschöpfungsketten im Bereich Öko-Milch, Öko-Rindfleisch und - wenn es gelingt, die Brandenburger Produktion entsprechend auszuweiten - im Bereich Öko-Gemüse[92].

3.2.3 Wachstumsthema Functional Food

Unter Functional Food werden übereinstimmend Lebensmittel verstanden, die einen Zusatznutzen über die reine Nährstoffzufuhr hinaus versprechen. Da es keine verbindliche Regelung gibt, worum es sich dabei genau handelt, haben die verschiedenen Definitionen große Spannweiten. In der Regel werden unter diesem Begriff Produkte verstanden, die vorwiegend Lebensmittel sind, d.h. der Nährstoffversorgung wesentlich dienen. Nahrungsergänzungsmittel, die in arzneimittelähnlicher Aufmachung auf den Markt gebracht werden, werden oft nicht als Functional Food bezeichnet – auch wenn die behaupteten Wirkungen auf den gleichen Inhaltsstoff zurückgehen. Im Folgenden werden Nahrungsergänzungsmittel allerdings im selben Kapitel mit behandelt, da die behauptete Funktionalität im Vordergrund steht. Umfangreiche Informationen finden sich unter anderem bei Erbersdobler/Meyer[9].

Rechtsrahmen für Funktionalitätsversprechen

Der Rechtsrahmen, innerhalb dessen Lebensmittel als Produkte mit gesundheitlichem Zusatznutzen beworben werden oder überhaupt im Zusammenhang mit Gesundheitsaussagen in Verkehr gebracht werden dürfen, ist in verschiedenen Ländern äußerst unterschiedlich. Deswegen werden identische Functional-Food-Produkte in verschiedenen Ländern teilweise mit unterschiedlichen Aussagen vermarktet.

Japan: FOSHU

Eine gesetzliche Regelung besteht seit 1991 in Japan. Dort dürfen Lebensmittel, deren ernährungsphysiologischer Zusatznutzen in einem Zulassungsverfahren nachgewiesen wurde, als „Food for specific health use" (FOSHU) auf den Markt gebracht werden. Alle anderen Lebensmittel dürfen nicht mit krankheitsbezogenen Aussagen beworben werden. FOSHU soll Zutaten enthalten, die in Ergänzung zu den normalen Lebensmitteleigenschaften spezifische Körperfunktionen anregen. FOSHU soll als Teil der normalen Ernährung verzehrt werden. Lebensmittel in Kapsel-, Tabletten- oder Pulverform fallen nicht unter den Begriff FOSHU. Inzwischen verfügen mehrere hundert Lebensmittel über eine FOSHU-Zulassung. Darunter sind viele mit speziellen Oligosacchariden, Ballaststoffen, Proteinen, Mineralien, Probiotika oder Polyphenolen. Bei der Zulassung müssen neben anderen Nachweisen Belege erfolgen, dass das Lebensmittel unbedenklich ist. Es müssen Daten zur Stabilität und Informationen zu den gesundheitsfördernden Eigenschaften vorgelegt werden, und es muss eine Empfehlung für den täglichen Verzehr abgegeben werden. Der wissenschaftliche Anspruch an die Überprüfung der gesundheitlichen Behauptungen ist relativ gering. So reicht es aus, wenn Wirksamkeit einem einzelnen Inhaltsstoff zugesprochen wird, nicht aber am ganzen Lebensmittel überprüft wurde. Meyer[93] verweist auf Fälle, in denen mit sehr kleinen Probandenzahlen gearbeitet wurde, Kontrollgruppen fehlten oder Testergebnisse nur auf der Reaktion von Laborratten beruhten. Der von Meyer zitierte Report des Centre of Science in the Public Interest (SCPI), aus dem die kritische Einschätzung des FOSHU-Zulassungsverfahrens stammt[94], würdigt es allerdings positiv, dass eine solches Verfahren überhaupt existiert und empfiehlt dies ausdrücklich auch anderen Staaten. Es wird empfohlen, das Verfahren strenger zu gestalten und für den Gehalt an Fett, Zucker, Natrium und Cholesterin in Functional Food Limits vorzugeben, die derzeit nicht existieren.

USA: FDA-Autorisierung von Claims

In den USA müssen Health Claims von der FDA autorisiert werden. Zulässige Claims können dann entweder im Rahmen der Lebensmittelkennzeichnung oder der Regelungen für Nahrungsergänzungsmittel verwendet werden. Die Nachweisführung erfolgt ähnlich wie bei FOSHU. Die Claims sind in der Regel recht allgemein gehalten („diets low in sodium may reduce the risk of high blood pressure"), bei Nahrungsergänzungsmitteln müssen sie außerdem noch mit dem Zusatz versehen werden, dass die FDA die Aussage nicht beurteilt hat und dass das Produkt nicht dazu bestimmt ist, irgendeine Krankheit zu erkennen, zu behandeln oder zu heilen[93]. Zusatzstoffe zu Lebensmitteln können außerdem von der FDA den sogenannten GRAS-Status („generally recognized as safe") erhalten, der ihre Verwendung in Lebensmitteln vereinfacht.

Functional Food bewegt sich rechtlich in einem Raum zwischen dem Arzneimittelgesetz (AMG) und dem Lebensmittel- und Bedarfsgegenstände-Gesetz (LMBG). Arzneimittel bedürfen (mit einigen glaubensmedizinischen Ausnahmen) des klinischen Wirksamkeitsnachweises und der Zulassung, bevor sie in Verkehr gebracht werden. Für Lebensmittel, die einen gesundheitlichen Zusatznutzen behaupten, gelten insbesondere §17 und §18 LMBG.

- §17 LMBG „Verbote zum Schutz vor Täuschung", Abs.1 Nr. 5 lautet:
  „Es ist verboten, Lebensmittel unter irreführender Bezeichnung, Angabe oder Aufmachung gewerbsmäßig in den Verkehr zu bringen oder für Lebensmittel allgemein oder im Einzelfall mit irreführenden Darstellungen oder sonstigen Aussagen zu werben. Eine Irreführung liegt insbesondere dann vor,
  a) wenn Lebensmitteln Wirkungen beigelegt werden, die ihnen nach den Erkenntnissen der Wissenschaft nicht zukommen oder die wissenschaftlich nicht hinreichend gesichert sind,
  b) wenn zur Täuschung geeignete Bezeichnungen, Angaben, Aufmachungen, Darstellungen oder sonstige Aussagen über die Herkunft der Lebensmittel, ihre Menge, ihr Gewicht, über den Zeitpunkt der Herstellung oder Abpackung, über ihre Haltbarkeit oder über sonstige Umstände, die für ihre Bewertung mitbestimmend sind, verwendet werden
  c) wenn Lebensmitteln der Anschein eines Arzneimittels gegeben wird."
- §18 LMBG „Verbot der gesundheitsbezogenen Werbung" Abs. 1 lautet:
  „Unbeschadet der Vorschrift des § 17 Abs. 1 Nr. 5 ist es verboten, im Verkehr mit Lebensmitteln oder in der Werbung für Lebensmittel allgemein oder im Einzelfall
  1. Aussagen hinsichtlich der Beseitigung, Linderung oder Verhütung von Krankheiten,
  2. Hinweise auf ärztliche Empfehlungen oder ärztliche Gutachten,
  3. Krankengeschichten oder Hinweise auf solche,
  4. Äußerungen Dritter, insbesondere Dank-, Anerkennungs- oder Empfehlungsschreiben, soweit sie sich auf die Beseitigung oder Linderung von Krankheiten beziehen, sowie Hinweise auf solche Äußerungen,
  5. bildliche Darstellungen von Personen in der Berufskleidung oder bei der Ausübung der Tätigkeit von Angehörigen der Heilberufe, des Heilgewerbes oder des Arzneimittelhandels,
  6. Aussagen, die geeignet sind, Angstgefühle hervorzurufen oder auszunutzen,
  7. Schriften oder schriftliche Angaben, die dazu anleiten, Krankheiten mit Lebensmitteln zu behandeln, zu verwenden."

Verboten ist also eine Werbung, die behauptet, ein Lebensmittel könne eine bestimmte Krankheit heilen. Nicht verboten sind einerseits nachweisbar richtige Aussagen, die der Hersteller auch belegen kann, andererseits recht allgemeine Hinweise auf gesundheitsfördernde Eigenschaften, soweit sie nicht so arzneimittelähnlich formuliert und aufgemacht sind, dass sie eine Täuschung darstellen. §18 LMBG gilt außerdem nicht für die Werbung gegenüber Angehörigen der Heilberufe und für Diätetika. Im Detail zeigt sich bei auch diesem Thema der hohe staatliche Regulierungsgrad des Lebensmittelrechts. Ausführungen zu rechtlichen Regelungen nehmen allein ungefähr ein Drittel des Umfangs eines einschlägigen Fachbuchs zu Functional Food ein[9].

    Weitere Rechtsnormen, denen Functional Food unterliegen kann, sind die Diätverordnung für Lebensmittel, die als bilanzierte oder ergänzende bilanzierte Diäten in Verkehr gebracht werden, oder die Novel-Food-Verordnung. Gemäß letzterer ist eine Genehmigung erforderlich, wenn Lebensmittel in Verkehr gebracht werden sollen, die entweder genetisch modifizierte Organismen (GMO) enthalten oder mit diesen hergestellt sind, oder Lebensmittel, die neuartige Inhaltsstoffe enthalten, die bisher in Lebensmitteln in der EU nicht verwendet wurden oder die mit neuartigen Verfahren hergestellt sind, die bisher in der EU nicht verwendet wurden. Zutaten, die Funktionalitäten in Lebensmittel einbringen, können außerdem als Zusatzstoff gemäß der Zusatzstoff-Zusatzverordnung genehmigungspflichtig sein, die regelt, welchen Lebensmitteln die Zutaten in welchen Mengen und zu welchen Zwecken zugesetzt werden dürfen. Zusatzstoffe müssen in der Regel mit der Angabe des Zwecks deklariert werden, zu dem sie zugesetzt wurden. Unter den zugelassenen Zusatzstoffen sind eine Reihe von Stoffen, denen sowohl gesundheitlich-funktionelle Eigenschaften als auch technologische zugeschrieben werden (Vitamin C als gesundheitlich wirksames Antioxidans – als das Produkt schützendes Antioxidans, Guarkernmehl als Verdickungsmittel – als Lieferant löslichen Ballaststoffes). Solche Zusatzstoffe müssen gemäß dem Zweck deklariert werden, den der Hersteller mit dem Zusatz verfolgt hat.

Europa: Die Europäische Lebensmittelbehörde

Die Europäische Kommission arbeitet derzeit an einer „Verordnung über nährwert- und gesundheitsbezogene Angaben über Lebensmittel"[9], die Anforderungen an die wissenschaftliche Absicherung von Gesundheitsaussagen präzisiert und die Zulassung und Kontrolle dieser Aussagen der Europäischen Lebensmittelbehörde (EFSA) überträgt. Die Verordnung ist zum Zeitpunkt der Drucklegung noch nicht in Kraft, wird aber bis Ende 2004 erwartet. Die Änderungen werden im Kern bedeuten, dass Lebensmittel mit bestimmten Nährwertprofilen (z.B. besonders fetthaltige oder besonders salzhaltige) gar nicht mehr mit gesundheitsbezogenen Aussagen werben dürfen, dass die vorgeschriebenen Nährwertangaben standardisiert werden, und dass gesundheitsbezogene Aussagen zulassungsbedürftig werden.

Worin besteht der Zusatznutzen und wie wird er nachgewiesen?

Die Lebensmittelchemische Gesellschaft (LChG) stellt abhängig vom Inhalt des versprochenen Zusatznutzens verschiedene Ansprüche an das Nachweisniveau der wissenschaftlichen Prüfung. Sie unterscheidet folgende Aussagen zum Inhalt des Zusatznutzens:
- Nährwertbezogene Angaben (wie „mit Calcium angereichert" oder „reich an Ballaststoffen"), die im Wesentlichen durch die Nährwert-Kennzeichnungsverordnung geregelt sind, und
- Wirkungsbezogene Angaben, die die LChG weiter unterteilt in
  - Ernährungsphysiologische Angaben („wichtig für die Knochendichte", „fördert die Verdauung", „regt die Abwehrkräfte an")
  - Aussagen zur Reduzierung eines Krankheitsrisikos („Calciumanreicherung kann zur Verringerung des Osteoporoserisikos beitragen", „kann das Risiko der Obstipation verringern") und
- Krankheitsbezogene Aussagen („zur Behandlung der Osteoporose", „bei chronischer Verstopfung")

Die letzte Kategorie mit krankheitsbezogenen Aussagen hält die LChG in jedem Falle für unzulässig bei Lebensmitteln, da sie gegen §18 LMBG verstoßen. Bei Aussagen, die einer der anderen beiden Kategorien entsprechen, verweist die LChG darauf, dass gemäß §17 Abs.1

Nr. 5 LMBG die wirkungsbezogene Aussage wissenschaftlich hinreichend gesichert sein muss und empfiehlt für Aussagen zur Reduzierung bestimmter Krankheitsrisiken ein deutlich höheres wissenschaftliches Niveau anzulegen als bei anderen Aussagen. Bei Aussagen zur ernährungsphysiologischen Aktivität einzelner Bestandteile hält die LChG die Belegbarkeit mit allgemein anerkannten wissenschaftlichen Daten für ausreichend. Werden Aspekte wie Bioverfügbarkeit oder Dosis-Wirkungsbeziehungen getroffen, so hält sie Einzelstudien am Produkt für erforderlich. Bei Aussagen zur Verminderung eines bestimmten Krankheitsrisikos hält die LChG den Nachweis am jeweiligen Gesamtlebensmittel mit reproduzierbaren und wissenschaftlich überprüfbaren und in anerkannten wissenschaftlichen Zeitschriften veröffentlichten Humanstudien für erforderlich. Eine Übersicht gibt die nachstehende Tabelle[96]:

Tabelle 4
Beispiel für gesundheitsbezogene Aussagen zu Functional Food

Nährwertbezogene Angaben	Wirkungsbezogene Angaben / ernährungsphysiologische Angaben	Wirkungsbezogene Angaben / Aussagen zur Reduzierung eines Krankheitsrisikos	Krankheitsbezogene Aussagen, für Lebensmittel nicht zulässig
Mit Calcium angereichert	Wichtig für die Knochendichte	Ausreichende Calciumzufuhr kann zur Verminderung des Osteoporoserisikos beitragen	Zur Behandlung von Osteoporose
Reich an ungesättigten Fettsäuren	Wertvoller Beitrag zu einem günstigen Cholesterinspiegel	Kann einen erhöhten Cholesterinspiegel und damit das Risiko einer Herz-Kreislauferkrankung senken	Senkt wirksam den Cholesterinspiegel und verhindert so den Herzinfarkt
Reich an Ballaststoffen	Fördert die Verdauung	Kann das Risiko einer Obstipation verringern	Bei chronischer Verstopfung
Vitamin-C-reich	Regt die Abwehrkräfte an	Kann einen Beitrag zur Reduzierung des Erkältungsrisikos leisten	Gegen Grippe

Die Auffassungen mancher Autoren über Notwendigkeit und erforderliches Niveau von Wirksamkeitsnachweisen, insbesondere solcher Autoren, die sich mit dem Marketing von Functional Food befassen, weichen deutlich von den Empfehlungen der LChG ab. GIM argo, ein Hamburger Unternehmen für Marketingforschung und Innovationsmanagement, veröffentlicht die explizite Aussage, „Functional Food sind Lebensmittel, denen der Konsument gesundheits-fördernde, leistungssteigernde oder krankheitsabwehrende Wirkungen **zuschreibt**.“[97] (Hervorhebung im Original).

Diese Auffassung steht beim Marketing von Produkten als Functional Food leider häufig im Vordergrund: Verbraucherverbände machen darauf aufmerksam, dass es schon seit längerem üblich ist, bei Nahrungsergänzungsmitteln gezielte Marketingmaßnahmen außerhalb des Produktbereichs zu betreiben, um angeblich gesundheitsfördernden Zusätzen ein „Gesundheitsimage" zu verpassen, das in keinem Verhältnis zu den oft sehr geringen Mengen dieser Zusätze in den Produkten steht. Der Bundesverband der Verbraucherzentralen benennt insbesondere winzigste Anteile von Apfelessig, grünem Tee oder Aloe vera in Erfrischungsgetränken, die teilweise auch noch mit unterschiedlichen Wirkversprechen beworben werden, als typisches Beispiel solcher wenig seriösen Aussagen[61]. Der „Buchtrick" besteht darin, außerhalb des direkten Produktbereichs Ratgeberbücher von freien Journalisten oder bekannten Persönlichkeiten aus Sport, Show-Business oder Wissenschaft publizieren zu lassen, mit denen Nahrungsergänzungsmittel bekannt gemacht und mit klangvollen Wirksamkeitsbehauptungen beworben werden[96].

Neben klinischen Studien kommt ernährungsepidemiologischen Untersuchungen eine hohe Bedeutung beim Wirksamkeitsnachweis von Functional Food zu. Ein im Zusammenhang mit Functional Food noch relativ neues Forschungsgebiet ist das Thema „Biomarker", das nach eigener Einschätzung mit steigenden Ansprüchen an das wissenschaftliche Niveau von Wirksamkeitsnachweisen deutlich wachsen dürfte. Es handelt sich um die gezielte Suche nach messbaren physiologischen Parametern, mit denen der Einfluss funktioneller Lebensmittel auf die Gesundheit nachgewiesen werden kann, ohne die langen Zeiträume epidemiologischer Studien abwarten zu müssen. Nicht bei allen Claims ist dies so eindeutig wie beim Cholesterinwert als Nachweis für die Wirksamkeit cholesterinsenkender Margarinen. Mit der EU-„Verordnung über nährwert- und gesundheitsbezogene Angaben über Lebensmittel"[95] wird eine Präzisierung der Vorschriften über die gesundheitlichen Aussagen und über die dafür erforderliche Nachweishöhe erwartet.

Funktionelle Inhaltstoffe von Functional Food

In aktuellen Produkten, die als Functional Food auf dem Markt sind, finden sich neben den Hauptbestandteilen des Lebensmittels Substanzgruppen, deren Wirksamkeiten unterschiedlich stark wissenschaftlich bewiesen sind. Sie sollen hier nicht gewertet, sondern nur genannt werden. Die Aufzählung erhebt auch keinerlei Anspruch auf Vollständigkeit.

- Fette und Fettbegleitstoffe
  - ω-3-Fettsäuren sind ungesättigte Fettsäuren, deren erste Doppelbindung am dritten C-Atom (vom aliphatischen Ende aus gesehen) beginnt, z.B. die Linolensäure. Sie werden in Verbindung mit Herz-Kreislauf-Krankheiten, Diabetes, Arthritis, Schuppenflechte und Depressionen gebracht[99]. Seit kurzem sind Mikroverkapselungstechnologien als technische Standardprozesse verfügbar, die es ermöglichen, Fette (z.B. Fischöle) oder fettlösliche Vitamine ohne sensorische Beeinträchtigung in Getränke einzubringen, wodurch sich ein Markt für weitere Functional Drinks eröffnet hat.
  - Pflanzensterole ähneln im Aufbau dem Cholesterin und wirken cholesterinsenkend[100].
  - Weitere Fettbestandteile sind ungesättigte Fettsäuren wie ω-6-Fettsäuren, Linolsäure und Linolensäure sowie die Phospholipide Phosphatidylcholin und Phosphatidylserin.

- Polysaccharide
  - Ballaststoffe mit spezifischen Wirkungen[101] wirken in der Regel gerade nicht als Ballast, sondern passieren unverdaut den Dünndarm und bilden die wichtigste Nährstoffquelle für (erwünschte) Mikroorganismen des Dünndarms. Aus vielen der Substanzen werden kurzkettige Fettsäuren (Buttersäure) gebildet. Zu den Ballaststoffen gehören auch Zellulosen, Hemicellulosen, Pektine, ß-Glukan und eine Reihe von Polysacchariden aus Guar, Johannisbrotkernmehl, Algen u.s.w.
  - Prebiotisch wirksame Oligosaccharide[102] werden nicht wegen ihrer chemischen Eigenschaften, sondern wegen der Art, wie sie verdaut werden, als Prebiotoka eingestuft. Sie sind im Dünndarm unverdaulich und werden im Dickdarm selektiv fermentiert, wodurch sie die mikrobiologische Flora des Dickdarms positiv beeinflussen sollen. Die Substanzen sind teilweise deckungsgleich mit den vorher genannten.
- Vitamine, dazu gehören die in ACE-Drinks häufig anzutreffenden Vitamine A,C und E. Nahrungsergänzungsmittel wie Vitamintabletten enthalten meist sämtliche Vitamine in unterschiedlichen Mengen. Die Vitamine A und D sind seltener anzutreffen, da sie in Überdosis gesundheitsschädigend wirken können. Eine besondere Bedeutung für Functional Food kommt dabei der Folsäure zu, da sie ein Vitamin ist, mit dem die Versorgung in Deutschland einer Vielzahl von Quellen zufolge oft nicht ausreichend ist. Komplementärmedizinische Aussagen (vor allem von Vertretern der so gennanten Orthomolekularen Medizin) über den Nutzen hoher Vitaminüberdosierungen werden von der wissenschaftlichen Fachwelt äußerst skeptisch betrachtet und im Zusammenhang mit Functional Food in der Regel nur bei Nahrungsergänzungsmitteln von Anhängern dieser Theorie verwendet.
- Mineralstoffe und Spurenelemente - dazu gehören unter anderem Kalium, Calcium, Magnesium, Eisen, Zink, Jod und Selen - finden sich in einer Vielzahl von Produkten mit unterschiedlichen Werbeaussagen.
- Sekundäre Pflanzeninhaltsstoffe sind die Endprodukte des (nichtnutritiven) Sekundärstoffwechsels der Pflanzen. Darunter befinden sich Farb- und Aromastoffe. Auch viele biogene Arzneimittel kommen aus diesem Bereich.
  - Flavonoide[103] oder Polyphenole (zu denen auch Stoffe wie Tannine, Gallussäuren und andere früher „Gerbstoffe" genannte Verbindungen gehören wirken reduzierend (wobei sie selbst meist braun werden wie bei der Fermentation des Tees). Es werden ihnen Wirkungen zugeschrieben wie die Verhinderung der LDL-Oxidation und antikanzerogene Eigenschaften. Sie kommen in größeren Mengen (im g/kg-Bereich) vor in Tee, Rotwein, Johannisbeeren, Trauben, Bier, Kakao und einigen anderen Lebensmitteln. Mit den Flavonoiden wird bei rotwein- oder teeextrakthaltigen Lebensmitteln häufig die Gesundheitswirkung begründet. Die Analytik der Flavonoide wird außerdem zum Nachweis von Verfälschungen bei Fruchtsäften und fruchtsafthaltigen Getränken eingesetzt.
  - Rosmarin und Salbei[104] werden in der Regel als Gewürzpflanzen eingesetzt. Die darin enthaltenen phenolischen Diterpene wirken antioxidativ und verhindern ranzigen Geschmack bei Fleischzubereitungen oder fleisch- und wursthaltigen Fertig- und Tiefkühllebensmitteln. Es werden antivirale und antikanzerogene Aktivitäten diskutiert.
  - Carotinoide[105] sind gelbe bis rote Farbstoffe, die in einer ganzen Reihe von Pflanzen vorkommen. Sie können als Biomarker für den Gemüseverzehr eingesetzt werden. Außerdem sind einige Carotinoide Ausgangsstoffe für die körpereigene Vitamin-A-Synthese. Es werden positive Wirkungen gegen oxidativen Stress diskutiert außerdem sehr kontroverse Daten im Zusammenhang mit Krebs.

- Probiotika[106] sind definierte lebende Mikroorganismen, die in ausreichender Menge in aktiver Form in den Darm gelangen und dort positive gesundheitliche Wirkungen erzielen. In Lebensmitteln findet man hauptsächlich Stämme von Lactobacillus oder Bifidobacterium (teilweise mit Markenbezeichnungen, z.B. L. casei „Shirota" oder L. casei „Actimel"). Hefen, E. coli, Enterokokken u.s.w. werden nur in medizinischen Präparaten eingesetzt. Neben der Durchfallbekämpfung werden ihnen immunologische Effekte, hypercholerterämisch, teilweise auch antikanzerogene Effekte und andere zugeschrieben, die selbstverständlich nur für den in der entsprechenden Studie betrachteten Stamm, nicht aber für die Gesamtheit der Probiotika gelten.
- Aminosäuren und Aminosäurederivate wie Glutamin, Arginin, Lysin, Carnitin, Taurin, Creatin oder Glutathion finden sich ebenfalls vorwiegend in Nahrungsergänzungsmitteln.

Manche der genannten Stoffe sind zugelassene Lebensmittelzusatzstoffe bzw. gewöhnliche Zutaten, andere Stoffe wie z.B. Pflanzensterole sind zulassungsbedürftiges Novel Food.

Ernährungsbedingte Krankheiten, auf die Functional Food zielt

Obwohl krankheitsbezogene Heilversprechen bei der Bewerbung von Lebensmitteln nicht zulässig sind, ist es doch für die Betrachtung des Marktes und dessen künftiger Entwicklung von Relevanz, welche Krankheiten überhaupt auf Ernährungsursachen zurückgeführt werden. In der nachstehenden Tabelle von Holm[107] sind Werte für das Ausmaß der Ernährungsbedingtheit verschiedener Krankheiten angegeben. 30% Einfluss bedeutet, 30% der aufgetretenen kardiovaskulären Erkrankungen sind auf eine unausgewogene Ernährung zurückzuführen. Holm weist ausdrücklich darauf hin, dass die angegebenen Zahlen stark schwanken können, da der für Krebserkrankungen angegebene Wert bei Lungenkrebs sicher anders ist als bei Darmkrebs.

Tabelle 5
Einfluss der Ernährung auf verschiedene Krankheiten

Krankheit / Zustand	Einfluss der Ernährung in %
Herz-Kreislauf-Erkrankungen	> 30
Krebs	> 35
Verstopfung	> 70
Übergewicht	> 50
Diabetes Typ II	> 25
Karies	> 30

Quellen: [107]

Produktbeispiele

Ein Produkt, bei dem der Nachweis der Gesundheitsaussagen den höchsten Anforderungen der LChG entspricht, ist die Halbfettmargarine Becel proactiv. Es handelt sich um eine Halbfettmargarine, die geeignet ist, bei einem Verzehr von 20 bis 25 g den LDL-Cholesterinspiegel um 10 bis15% zu senken. Die Margarine enthält 8% Phytosterole und ist als Novel Food zugelassen. Der Hersteller gibt 22 klinische Studien an, die in namhaften, dem Peer-Review unterliegenden Fachzeitschriften veröffentlicht wurden und mit denen die Wirksamkeit nachgewiesen wurde. Die meisten der Studien wurden nicht nur randomisiert, doppelblind und placebokontrolliert durchgeführt, sondern insbesondere mit dem Produkt Margarine und nicht mit den isolierten Wirksubstanzen.

Ein typisches Beispiel, bei dem Wirkungen einer zugesetzten Substanz auf das Gesamtprodukt übertragen werden, ohne dass ein gesonderter Nachweis von Funktionalitäten am Gesamtprodukt erfolgt, ist ein Kochsalz mit Jod, Fluorid und Folsäure mit den Aussagen „Es enthält neben Jod und Fluorid den Vitalstoff Folsäure. Dieser spielt für viele Stoffwechselprozesse und für die Vorbeugung von Herz-Kreislauf-Erkrankungen eine entscheidende Rolle. Es ist wie jedes andere Salz zu verwenden". Folsäure, auch als Vitamin B9 bezeichnet, spielt eine Schlüsselrolle im menschlichen Stoffwechsel. Für viele lebensnotwendige Funktionen wie Blutbildung, Zellteilung und Zellneubildung ist Folsäure unersetzlich. Der Folsäure wird auch eine wichtige Bedeutung bei der Vorbeugung vor Herz-Kreislauf-Erkrankungen zugeschrieben: „80% der deutschen Bevölkerung sind nicht ausreichend mit Folsäure versorgt. Dem können Sie mit Bad Reichenhaller MarkenJodSalz mit Fluorid und Folsäure vorbeugen."

Noch vagere Gesundheitsaussagen werden zu vielen Getränken gemacht, z.B. sauerstoffangereichertem Mineralwasser, das mit der Aussage „Sauerstoffhaltig – ‚fit und leistungsfähig'" von den Herstellern vertrieben wird.

Im Bereich der Nahrungsergänzungsmittel finden sich regelmäßig Kuriosa aus dem Bereich der Schlankheitsmittel, deren Funktionalitäts-Claims oft stark an der Grenze des Zulässigen formuliert sind. Kohlsuppenkapseln[108] werden mit Aussagen wie „Sie lösen das Fett aus den Speckpolstern" und „Das überflüssige Fett wird aus dem Körper hinaus transportiert" beworben.

Markt und Wachstum

Über die Marktgröße und das Wachstum von Functional Food liegen wenig vergleichbare Daten vor, da in den meisten Untersuchungen jeweils unterschiedliche Definitionen von Functional Food zu Grunde gelegt werden: Gusko und Hamm[109] beziffern für 1997 den deutschen Markt auf rund 0,7 Mrd. EUR oder 0,7% vom Lebensmittelmarkt. Das jährliche Wachstum geben sie mit 30% an. Holm[107] nennt eine Dataquest-Studie, die den Markt 1998 (in Deutschland, Frankreich und in Großbritannien) für Functional Food und Nahrungsergänzungsmittel auf 13,6 Mrd. USD beziffert und Wachstumsraten von 8,1% angibt. Die Deutsche Gesellschaft für Ernährung (DGE) gibt in einer Pressemeldung vom September 2002 erheblich gestiegene Marktanteile für Functional Food an. Nach den Angaben der DGE[110] ist der Marktanteil probiotischer Jogurts zwischen 1996 und 2001 von 2% auf 17% gestiegen. Das Marktvolumen der ACE-Drinks wuchs im selben Zeitraum von 9 auf 229 Mio. Liter, das der Sport- und Energy-Drinks immerhin von 33 auf 74 Mio. Liter.

Regionale Daten über den Markt für Functional Food waren nicht zu ermitteln. In der Region existieren mehrere Obst- und Gemüseverarbeiter, vor allem Safthersteller, die Produkte auf dem Markt haben, die mit gesundheitsbezogenen Aussagen beworben werden. Die Gesundheitsaussagen im Zusammenhang mit den Produkten werden außer bei Nahrungsergänzungsmitteln relativ zurückhaltend formuliert („Die Zugabe von Topinambur reichert die Nahrungsmittel mit Fruchtzucker, dem verdauungsfördernden Ballaststoff Inulin sowie mit natürlichen Mineralien und Vitamin C an. Topinambur macht Zuckerzusätze überflüssig und fördert die Vitalität."). Isotonische Limonaden und ACE-Produkte werden in der Region ebenso hergestellt wie eine Reihe weiterer Lebensmittel, die mit Ballaststoffen angereichert sind. Auch einige wenige Hersteller von Nahrungsmittelzutaten mit funktionellem Anspruch, vorwiegend Ballaststoffen, sind in der Region beheimatet. Eine vorsichtige Formulierung von Gesundheitsaussagen ist durchgängig anzutreffen.

In Interviews wurde mehrfach geäußert, dass die Kompliziertheit des Lebensmittelrechts bei Functional Food eine besonders hohe Hürde darstellt, obwohl das Marktsegment durchweg als attraktiv und wachstumsstark eingeschätzt wurde. Zwei Hersteller von Handelseigenmarken äußerten, vom Standpunkt der Produktentwicklungskompetenz und der Herstellungskompetenz her ohne weiteres in der Lage zu sein, Lebensmittel mit einem Zusatznutzen herzustellen, der auf der Zugabe bestimmter Substanzen (z.B. ω-3-Fettsäuren) beruht, wenn die Abnehmer von Handels-eigenmarken, vor allem die Discounter, solche Lebensmittel nachfragen. Man warte allerdings ab, bis eine solche Nachfrage vorliege.

Hersteller, die Produkte herstellen oder entwickeln, deren Wirksamkeitsnachweis mit einem höheren wissenschaftlichen Niveau abgesichert werden soll als durch die Übertragung bekannter Eigenschaften von Zusatzstoffen auf neue Produkte, konnten in der Region nicht ausfindig gemacht werden. Die erforderliche klinische Forschung wird als so aufwendig, teuer und langwierig eingeschätzt, dass sie weder den FuE-Budgets noch den Kompetenzen mittelständischer Lebensmittelhersteller oder Handelsmarkenhersteller entspricht. Leiter von Werken größerer Konzerne verwiesen hier regelmäßig auf konzerneigene Forschungseinrichtungen außerhalb der Region.

Eine Ausnahme bildet hierbei der Sektor der Nahrungsergänzungsmittel, der in Berlin eine gewisse Bedeutung hat. Neben einem der Markenartikler in diesem Sortiment, der sowohl Nahrungsergänzungsmittel als auch Phytopharmaka und Diätetika herstellt und vertreibt, sind in Berlin mehrere weitere Unternehmen aus diesem Bereich ansässig, die verschiedene Bereiche von Reformhauswaren bis zu Nahrungsergänzungsmitteln am Rande der Phytopharmaka abdecken.

Von erheblicher Bedeutung für das Thema Functional Food in der Region ist die Wissenschaft. Sämtliche Disziplinen und Kompetenzen, die erforderlich sind, sowohl um die Wirksamkeit von Functional Food auf höchstem wissenschaftlichen Niveau nachzuweisen, als auch, um aus funktionellen Zutaten verarbeitungsfähige Produkte zu entwickeln, sind in der Region vorhanden. Die wissenschaftlichen Einrichtungen betreiben allerdings kaum gezieltes Marketing, um sich als Ansprechpartner für dieses Thema zu positionieren.

3.3 Strukturmerkmale der Lebensmittelindustrie in Berlin und Brandenburg

Die Lebensmittelindustrie besteht aus einer Vielzahl von Einzelbranchen, die sowohl auf der Produktseite als auch in der Herstellungstechnik wenig gemeinsam haben, außer dass die Produkte zum Verzehr bestimmt sind. Zur Identifizierung von Wachstumsthemen mit Potenzial für die Region ist es deshalb erforderlich, die zur Lebensmittelindustrie gehörenden Branchen genauer zu betrachten.

3.3.1 Obst- und Gemüseverarbeitung

In dieser Kategorie finden sich hauptsächlich Betriebe, die Konserven oder Sauerkonserven herstellen. Die Herkunftsbezeichnung Spreewald konnte sich als Marke bzw. Qualitätssiegel für Sauerkonserven und einige andere Produkte durchsetzen. Sie wird von einer ganzen Reihe von Betrieben intensiv genutzt. Einem Betrieb ist es gelungen, die bisherigen westdeutschen Marktführer im Markenartikelbereich für Sauerkonserven zu überholen. Mehrere Betriebe sind im wachstumsstarken Convenience-Segment für Tiefkühlgemüse tätig. Weiterhin gehören zu diesem Segment Betriebe, die verarbeitete Rohstoffe (Farbstoffe, Aromastoffe, Hydroxysäuren u.a.) aus Obst und Gemüse gewinnen und mit diesen Produkten als Zulieferer anderer Industrien tätig sind. Dem verarbeitenden Gewerbe steht ein breites Angebot regionaler Rohstoffe gegenüber, das auch in der Region verarbeitet wird. Eine ganze Reihe von Herstellern hat die Listung im LEH erreicht. Andere Unternehmen, vor allem kleinere, nutzen regionale Direktvertriebskanäle. Außer regionalen Agrarprodukten werden auch Importrohstoffe verwendet, die in der Region weiterverarbeitet werden. Die Ursprungsländer sind dabei mannigfach. Die Verflechtung mit den westpolnischen Regionen ist derzeit von relativ geringer Bedeutung. Da Agrarprodukte und Lebensmittel zu den wichtigen polnischen Außenhandelsartikeln gehören, kann angenommen werden, dass die Verflechtung mit Polen mit dessen EU-Beitritt zunehmen wird, zumal nach Aussagen mehrerer Verarbeiter die landwirtschaftlichen Betriebe beim Vertragsanbau flexibler sind als deutsche Betriebe der Region. Eine Obst- und Gemüsemesse in Poznán könnte dabei eine Rolle spielen.

Die Betriebsgrößen und die Umsätze pro Beschäftigten sind in der Brandenburger Obst- und Gemüseverarbeitung einschließlich der Saftherstellung leicht unterdurchschnittlich. Die Branche ist in Brandenburg überdurchschnittlich vertreten und erwirtschaftet um 6% des gesamten deutschen Branchenumsatzes. Die Branche weist sowohl in der Saftherstellung als auch in der Obst- und Gemüseverarbeitung vergleichsweise sensationelle Wachstumsraten von etwas über 13% jährlich auf. Die Struktur der Obst- und Gemüseverarbeiter in der Region zeichnet sich dadurch aus, dass diese Branche weniger als andere Branchen der Lebensmittelindustrie von Herstellungswerken auswärtiger Konzerne dominiert wird. In diesem Segment sind deutlich mehr Unternehmen anzutreffen, deren Entscheidungszentrale in der Region liegt und die auch ihre Produktentwicklung in der Region betreiben. Es konnte allerdings zumindest bei den Unternehmen, die Produkte herstellen, die zum Konsum durch den Endverbraucher bestimmt sind, kein Betrieb ausgemacht werden, der in nennenswerter Tonnage vollständig neuartige Produkte entwickelt und vermarktet. FuE-Tätigkeit beschränkt sich in der Regel auf Rezepturentwicklungen, Hygienemanagement und Verbesserungen des Herstellungprozesses.

Produktneuentwicklungen werden vorwiegend bei Verarbeitern betrieben, die Zutaten für andere Lebensmittelhersteller produzieren.

Neben den Betrieben, die die amtliche Statistik als Verarbeiter von Obst und Gemüse erfasst, existiert in Brandenburg eine Reihe weiterer Betriebe, die in der Statistik des verarbeitenden Gewerbes nicht auftauchen, da sie als landwirtschaftliche Betriebe, Erzeugergemeinschaften oder ähnliches erfasst sind: Etliche Agrar-Unternehmen verfügen über die Technologie, Verarbeitungsschritte wie Sortieren, Waschen, teilweise auch Lagern und handelsfertiges Verpacken selbst zu betreiben. Einige dieser Betriebe beliefern den Handel direkt unter Ausschaltung von Zwischenhändlern und Verarbeitern. Andere bedienen verschiedene Formen des Direktvertriebs. Einige Agrar-Unternehmen sind direkt in den Handelsketten, vor allem des Berliner Marktes gelistet und liefern hier nicht nur Gartenbauprodukte, sondern auch Schnittsalate und in hofnaher Verarbeitung hergestellte Produkte. Das Segment Obst und Gemüse dürfte daher nennenswert größer sein als in der amtlichen Statistik nachgewiesen.

Im Grenzbereich zwischen klassischen Obst- und Obstsaftprodukten und speziellen Gesundheitsprodukten hat sich in Brandenburg ein dynamischer und hochkompetitiver Markt für Erzeugnisse aus verschiedenen Beeren (Sanddorn, Moosbeere, Aronia, Schlehe, Cranberry und eine Vielzahl gängigerer Beeren), Topinambur und anderen bisher weniger gängigen Rohstoffen entwickelt. Aus diesen Rohstoffen werden sowohl Vorprodukte für die Industrie als auch Produkte hergestellt, die teilweise im gewöhnlichen Lebensmittelsektor, teilweise im Sektor für gesundheitsbewusste Produkte positioniert werden. Der Öko-Sektor wächst stark, ist aber insgesamt von relativ geringer Bedeutung.

Einige kleinere Lieferanten von Maschinerie im Bereich der Obst- und Gemüseverarbeitung sind in der Region ebenfalls beheimatet.

3.3.2 Fertiggerichte, Feinkost und andere hochverarbeitete Produkte

Neben wenigen Herstellern von Würzen und Soßen werden in der Region Tiefkühlfertiggerichte hergestellt, besonders hervorzuheben ist einer der großen Hersteller von Tiefkühlpizza. Das Segment Feinkost ist weniger stark besetzt. Andere hochverarbeitete Produkte, soweit sie nicht an anderer Stelle genannt sind, spielen eine untergeordnete Rolle. Alle Hersteller in diesem Bereich sind entweder sehr kleine Spezialitätenhersteller oder mittelgroße Hersteller, die vorwiegend das Segment der Handelseigenmarken bedienen und auch das typische Innovationsverhalten von Handelsmarkenherstellern zeigen. Das heißt, Innovationen in der Herstellungstechnik, die zu schneller Rationalisierung führen, werden stark nachgefragt, eine Produktentwicklung findet nur dann statt, wenn Markenartikler einen Markt schon geschaffen haben. Innovationen in der Herstellungstechnik werden in der Regel vom Zulieferer der Maschinerie bezogen, teilweise mit eigenen Anwendungstechnikern entwickelt und nur dann bei Fraunhofer-Instituten oder Hochschulen nachgefragt, wenn andere Problemlösungsmöglichkeiten nicht gefunden werden können.

Entsprechend der Marktgröße ist eine Reihe von Unternehmen der Gemeinschaftsverpflegung, darunter praktisch sämtliche Großunternehmen der Branche, in der Region präsent. Erwartungsgemäß steht die Versorgung von Krankenhäusern, Schulen, Kindergärten, Betrieben, Senioren und Fluggästen im Vordergrund. Neben regionalen bzw. lokalen Anbietern sind in der

Region praktisch alle überregional tätigen Großen der Gemeinschaftsverpflegungsbranche vertreten. Besondere FuE-Aktivitäten konnten nicht ermittelt werden. Produktentwicklung im Sektor Gemeinschaftsverpflegung wird, wenn überhaupt, durch nichtakademisches Personal betrieben. Innovationen kommen gelegentlich aus dem Bereich der Rohstoffzulieferer oder der Zulieferer von Küchengeräten und Warmhalte- oder Kühltechnik.

3.3.3 Nahrungsergänzungsmittel, Functional Food, Dietätika

Das Segment ist mit einem in Berlin ansässigen Großunternehmen, das zu den Markenartiklern im Bereich Nahrungsergänzungsmittel gehört, stark vertreten. Daneben gibt es eine Reihe weiterer Bedarfsgegenstände und pflanzlicher Arzneimittel, die im OTC-Segment des Apothekenvertriebs positioniert sind und werden in der Region hergestellt werden, aber nicht Gegenstand dieser Untersuchung sind. Die Hersteller solcher Produkte könnten als mögliche Vertriebspartner für Hersteller von Nahrungsergänzungsmitteln und Ähnlichem interessant werden. Außerdem existiert ein Hersteller von Nahrungsergänzungsmitteln und Kosmetika für den Reformhaussektor. Daneben gibt es eine Reihe weiterer Hersteller von Nahrungsergänzungsmitteln verschiedener Art. In Berlin existiert außerdem ein Lieferant von Probiotika. Schließlich gibt es in der Region verschiedene teilweise sehr kleine Hersteller und Anbieter einzelner Nischenprodukte. Etliche dieser Anbieter bewerben ihre Produkte mit gesundheitsbezogenen Aussagen, die jedoch in allen Fällen sehr vorsichtig formuliert sind. Teilweise handelt es sich eindeutig um Aussagen aus dem Graubereich zwischen Esoterik und Wellness (z.B. bei Stutenmilchprodukten oder Kombucha-Produkten), die so formuliert sind, dass sie sich einer ernsthaften Überprüfung entziehen. Teilweise zielen Aussagen auch stärker auf gesundheitliche Wirkungen, sie sind dann meist so formuliert, dass sie auf nachgewiesene Wirkungen irgendeines der Inhaltsstoffe abzielen, nicht aber auf das beworbene Produkt selbst (Vitamine in Sanddorn-Produkten, Rotweinextrakte in Süßwaren). Erzeugnisse aus verschiedenen weniger gängigen Beeren werden teilweise ebenfalls im Gesundheitssegment positioniert. Die zukünftige Entwicklung bei solchen Produkten ist schwer abschätzbar.

Functional Food, dessen Funktionalität durch klinische Studien am Menschen unter Verwendung des Gesamtproduktes nachgewiesen wurde, wird in der Region nicht hergestellt. Im Bereich der Zutaten existieren Hersteller für funktionelle Backwarenzutaten und Probiotika mit funktionellem Anspruch, außerdem einige Hersteller, die Säfte und einige essbare Wellness-Produkte mit vorsichtigen Gesundheitsversprechungen produzieren. Im Bereich Nahrungsergänzungsmittel existieren etliche Hersteller verschiedener Produkte. Die Anforderungen, die Wissenschaft und regionale Industrie an die Nachweishöhe gesundheitlicher Behauptungen und an die Projektlaufzeiten stellen, sind allerdings deutlich unterschiedlich. Regionale Kooperationspotenziale beschränken sich deshalb auf Einzelfälle.

Da die Hersteller in diesem Segment einer ganzen Reihe verschiedener Branchen der Lebensmittelindustrie angehören, liegen praktisch keine statistischen Daten über die wirtschaftliche Bedeutung des Segments in der Region vor. Nach eigener Kenntnis der Betriebe lässt sich das Marktsegment auf etwa 700 bis 900 Arbeitsplätze schätzen.

3.3.4 Getränke

Alle vier Segmente des Getränkebereichs - Fruchtsäfte, Erfrischungsgetränke, Bier und Spirituosen - sind in der Region mit jeweils mehreren Unternehmen besetzt, deren Zentralen und deren Erzeugnisentwicklung auch in der Region angesiedelt sind. Es handelt sich vorwiegend um kleine bis mittlere Betriebe, von denen etliche die Größe für eine Listung bei den großen LEH-Unternehmen erreicht haben. Etliche Unternehmen nutzen zusätzlich zum LEH speziellere Vertriebskanäle, vom Fachhandel über den Gastronomieabsatz bis zum Direktvertrieb. Außer im Segment Spirituosen sind in der Region auch Produktionsbetriebe großer auswärtiger Unternehmen angesiedelt, teilweise mit eigenen Regionalmarken. Die Brauwirtschaft hat in Berlin überdurchschnittliche Betriebsgrößen mit überdurchschnittlichen Umsätzen pro Mitarbeiter, in Brandenburg sind beide Kennzahlen unterdurchschnittlich. Die Erfrischungsgetränkehersteller haben durchschnittliche Kennzahlen, das Wachstum im Segment Erfrischungsgetränke ist in Brandenburg allerdings mit 24% Umsatzwachstum pro Jahr herausragend. Dies ist darauf zurückzuführen, das regionale Erfrischungsgetränkehersteller in den letzten Jahren stark in moderne Anlagen investiert haben und inzwischen praktisch überall im LEH und im Discountbereich gelistet sind. Die Spirituosenherstellung in Berlin hat unterdurchschnittliche Betriebsgrößen aber weit überdurchschnittliche Umsätze pro Mitarbeiter. Die Getränkebranche, voran die Fruchtsafthersteller, ist traditionell recht innovativ und betreibt häufig Neuentwicklungen von Getränken. Dies trifft auch auf die Unternehmen der Region zu, so dass der Bereich Fruchtsäfte und Fruchtsaftgetränke das Potenzial für Innovationsnetzwerke bietet. Bei Erfrischungsgetränken wie Limonaden und Wässern werden ebenfalls häufig Innovationen präsentiert. Das technologische Niveau der Innovationen ist allerdings häufig nicht so hoch, dass eine Zusammenarbeit mit der Wissenschaft nahe liegt: Anlageninnovationen wie PET-Flaschen-Abfüllanlagen können in der Regel von deren Herstellern fertig bezogen werden. Innovationen wie vitaminisierte oder isotonische Limonaden erfordern nicht unbedingt akademisches FuE-Niveau. Ähnliches gilt für Produktinnovationen aus der Brauwirtschaft. Die Brauwirtschaft bemüht sich stärker um Prozessinnovationen, die allerdings meist von Herstellern von Sudhaustechnik oder Abfülltechnik außerhalb der Region bezogen werden. Wo eine Kooperation mit der Wissenschaft interessant ist, ist die industrielle Gemeinschaftsforschung der Brauereiwirtschaft in der Region bereits gut vernetzt, da die Versuchs- und Lehranstalt für Brauerei (VLB) ebenso eng mit der TU Berlin verbunden ist wie die Versuchsanstalt der Hefeindustrie. Die Versuchs- und Lehranstalt für Spiritusfabrikation und Fermentationstechnologie in Berlin (VLSF) ist seit 2002 insolvent. Forschung und Entwicklung in der Spirituosenherstellung wird nicht mehr auf akademischem Level betrieben.

3.3.5 Kaffee, Süßwaren und Dauerbackwaren

So unterschiedlich die Segmente im Einzelnen sind, so haben sie gemeinsam, dass sich alle drei Segmente durch hohe Anlageninvestitionen, hohen Anteil der Exporte nach außerhalb der Region und eine relativ hohe Wertschöpfung auszeichnen. Aus diesem Grunde wurde allen drei Branchen im Westteil Berlins ähnlich wie der Tabakindustrie eine besondere Förderung vor allem der Anlageninvestitionen zuteil. Dieser Sondertatbestand ist zwar mit der deutschen

Einheit weitgehend entfallen, wirkt aber zum Teil bis heute fort und ist daran erkennbar, dass der Großteil der entsprechenden Unternehmen in den Berliner Bezirken Neukölln, Tempelhof-Schöneberg und Reinickendorf ansässig ist. Nur im Segment Dauerbackwaren spielen andere Standorte überhaupt eine Rolle. Die überregionale Bedeutung ist daran zu erkennen, dass die Berliner Kaffeeindustrie etwas über ein Drittel des Gesamtumsatzes der deutschen Kaffeeindustrie erzielt. Die Berliner Süßwarenindustrie erzielt immerhin 11% des gesamten deutschen Branchenumsatzes. Alle drei Segmente zeichnen sich durch außergewöhnlich hochspezialisierte Produktionsprozesse aus[111].

Die Produkt- und Verfahrensentwicklung wird in den Unternehmen selbst betrieben, da Spezialisten von außen in der Regel nicht vorhanden sind. Zusammenarbeit mit wissenschaftlichen Einrichtungen finden - auf Grund des hohen Spezialisierungsgrades - praktisch nicht statt. Häufiger gibt es Kooperationen mit der Anwendungstechnik von Maschinerie oder Vorproduktelieferanten. Die Süßwarenbranche betreibt darüber hinaus ein ungewöhnlich hohes Maß an Geheimhaltung, so dass auch aus diesem Grund externe Kooperationen nicht gewünscht sind. In Süßwarenbereich war auch im Rahmen dieser Studie die Gesprächsbereitschaft erheblich geringer als in allen anderen Segmenten der Lebensmittelindustrie. Lieferanten segmentspezifischer Maschinerie sind in der Region nicht vorhanden. Einige Hersteller im Süßwarenbereich sind ihrerseits Vorproduktelieferanten (Kakaoprodukte und Marzipan). Das Segment der Kakaoverarbeitung ist außerordentlich gut besetzt, neben Vorlieferanten reicht die Bandbreite vom Hersteller von Markenartikeln bis zum Handelsmarkenhersteller, vom Schokoladenhersteller bis zu Herstellern kakaohaltiger Getränke in unterschiedlichen Unternehmensgrößen und Qualitätssegmenten. Da allerdings die Schokoladenbranche Innovation außerhalb der Prozesstechnik nicht auf universitärem Niveau betreibt und darüber hinaus insbesondere unter Geheimhaltungsaspekten wenig Interesse an Kooperationen hat, muss der Aufbau von regionalen Netzwerkaktivitäten als wenig erfolgversprechend betrachtet werden, zumal die Gemeinschaftsforschung dieser Branche bereits an anderen Standorten (Köln) etabliert ist. In den Segmenten Kaffee, Kaffeeextrakte und Dauerbackwaren liegt auf Grund der hohen Spezialisierung dieser Branchen ebenfalls vergleichsweise wenig Anknüpfungspotenzial zur akademischen Forschung, obwohl die grundsätzliche Offenheit, sich wissenschaftlicher Einrichtungen der Region bei Innovationsvorhaben zu bedienen, in den Branchen Kaffee und Dauerbackwaren vorhanden ist.

3.3.6   Schlachten und Fleischverarbeitung

Zerlegebetriebe spielen in Berlin praktisch keine Rolle. In Brandenburg sind etliche Zerlegebetriebe vorhanden. Die Umsätze pro Beschäftigten sind bei durchschnittlichen Betriebsgrößen sowohl bei Zerlegebetrieben als auch bei Geflügelschlachtereien unterdurchschnittlich. Speziell die Geflügelschlachtung in Brandenburg ist von überregionaler Bedeutung und weist im Gegensatz zum Rest der Fleischverarbeitung auch deutliches Wachstum auf. Im Bereich der Fleischverarbeitung sind in beiden Ländern durchschnittlich viele Betriebe mit durchschnittlichen Beschäftigtenzahlen vorhanden. Die Umsätze der Fleischverarbeiter mit mehr als 20 Mitarbeitern sind pro Betrieb und pro Beschäftigten in Berlin etwas unterdurchschnittlich, in Brandenburg etwas überdurchschnittlich. Die Daten der amtlichen Statistik weisen speziell beim Bäckereigewerbe und der Fleischverarbeitung eine deutliche Verzerrung auf. Betriebe mit weniger als 20 Mitarbeitern, größtenteils Handwerksbetriebe, sind in der monatlichen Industrieberichterstattung in der Regel nicht erfasst. Gerade in der Fleischverarbeitung spielen diese Betriebe aber immer noch eine erhebliche Rolle. Für Berlin enthält die Industrieberichterstattung im Jahr 2001 beispielsweise Daten von 25 Betrieben mit mehr als 20 Beschäftigten. Die Handwerkskammer Berlin gibt für das Jahr 2001 einen Bestand von 170 handwerklichen Fleischern an[112]. Die Zahlen aus der amtlichen Statistik und der Statistik der Handwerkskammern sind mit vertretbarem Aufwand nicht konsistent zu machen. Sie stehen hier deshalb nebeneinander. An den Aussagen über die Lage des Segments ändert diese Inkonsistenz jedoch nichts. Es ist vielmehr zu erwarten, dass ein Mitzählen der sehr kleinen Betriebe die getroffenen Aussagen zu Trends im Segment eher verstärken als abschwächen würde.

Die Zahl der Handwerksbetriebe nimmt seit einigen Jahren deutlich ab[112], während sie bei Betrieben mit mehr als 20 Mitarbeitern in Berlin in etwa konstant bleibt und in Brandenburg in den letzten Jahren von ca. 20 auf ca. 30 Betriebe gestiegen ist. Die Beschäftigtenzahlen weisen durchweg eine sinkende Tendenz auf. Die Umsätze der Betriebe mit mehr als 20 Mitarbeitern sinken in Berlin, in Brandenburg sind sie gestiegen. Der Trend vom Fachgeschäft und dem LEH mit Frischfleischabteilung hin zum Discount verstärkt sich durch die Verfügbarkeit verbesserter Kühltechnik und Verpackungstechnik mit der Auswirkung, dass sich Umsätze von handwerklichen Fleischern und dem LEH hin zu Zulieferbetrieben des Discountbereichs verschieben.

Die Erzeugnissentwicklung im Bereich der Fleischverarbeitung wird in der Regel vom Zulieferer bezogen. In Betrieben mit eigener Erzeugnisentwicklung, wird diese durch nichtakademisches Personal vorgenommen. Die gesamte Branche ist nicht sehr FuE-intensiv. Ein Unternehmen hält ein Patent auf die Herstellung cholesterinarmer Fleischereirohstoffe und nutzt diese Technologie intensiv. Innovativ scheinen auch etliche Handwerksbetriebe, die ihre Fähigkeit, relativ kleine Chargengrößen zu verarbeiten, für Innovationen nutzen. Das wirtschaftliche Risiko, die Marktfähigkeit von Innovationen auszuprobieren, die mit nicht allzu hohem Aufwand entwickelt werden können, ist im Handwerk geringer als bei industriellen Verarbeitungsbetrieben. Anknüpfungspunkte zu wissenschaftlichen Einrichtungen wurden bei der Erzeugnisentwicklung nicht ausgemacht. Hersteller segmentspezifischer Maschinerie sind nicht vorhanden. Im Zulieferbereich existiert ein Unternehmen aus der Gewürzbranche, das Rezepturen mit anbietet. Im Bereich der Eigenkontrollsysteme ist zu erwarten, dass sich ein Markt für Dienstleistungen, auch aus dem Hightech-Bereich entwickeln wird.

3.3.7 Milchverarbeitung

In der Region sind durch die Konzentration der Branche nur noch fünf Molkereien ansässig. Die Milchverarbeitung ist vor allem durch Großunternehmen geprägt, die weder ihre Zentrale in der Region haben noch FuE in der Region treiben. Die Molkereiwirtschaft ist bundesweit wie international von einem starken Konzentrationsprozess geprägt[113], der dazu geführt hat, dass ein Großteil der Milchverarbeitung durch relativ wenige Verarbeiter wahrgenommen wird. Der Konzentrationsprozess scheint zur Zeit im Wesentlichen abgeschlossen, weitere Großfusionen werden in der Branche nicht erwartet[114]. Es wird erwartet, dass die Unternehmen sich vor allem auf ihre Positionierung im Markt und die Etablierung einer Markenstrategie konzentrieren, da mit No-Name-Milchprodukten dauerhaft zu wenig Rendite zu erzielen ist. Aus- und Weiterbildungseinrichtungen sind in der Region vorhanden, vor allem die Milchwirtschaftliche Lehr- und Untersuchungsanstalt in Oranienburg. Obwohl die Innovationstätigkeit der Milchprodukthersteller relativ hoch ist, bestehen wenig Anknüpfungspunkte zur Wissenschaft in der Region, da die Unternehmen wenig FuE in der Region betreiben und die Wissenschaft keinen besonderen Schwerpunkt im Bereich der Milchverarbeitung hat.

3.3.8   Backwaren

Die Beschäftigten des Backwarengewerbes verteilen sich etwa hälftig in Betriebe mit 20 bis 50 Mitarbeitern und in Betriebe mit 50 bis 200 Mitarbeitern. Noch größere Betriebe spielen kaum eine Rolle. Die Daten der amtlichen Statistik weisen speziell beim Bäckereigewerbe und der Fleischverarbeitung eine deutlich Verzerrung auf. Betriebe mit weniger als 20 Mitarbeitern, größtenteils Handwerksbetriebe, sind in der monatlichen Industrieberichterstattung in der Regel nicht erfasst. Gerade im Backwarenbereich spielen diese Betriebe aber immer noch eine erhebliche Rolle. Für Berlin enthält die Industrieberichterstattung im Jahr 2001 beispielsweise Daten von 70 Betrieben mit mehr als 20 Beschäftigten. Die Handwerkskammer Berlin gibt für das Jahr 2001 einen Bestand von 320 handwerklichen Bäckern und Konditoren an[112]. Die Zahlen sind mit vertretbarem Aufwand nicht konsistent zu machen und stehen hier deshalb nebeneinander. An den Aussagen über die Lage des Segments ändert diese Inkonsistenz jedoch nichts. Es ist vielmehr zu erwarten, dass ein Mitzählen der sehr kleinen Betriebe die getroffenen Aussagen zu Trends im Segment eher verstärken als abschwächen würde.

Im Backwarengewerbe findet seit etlichen Jahren ein ausgeprägter Strukturwandel statt, der von Konzentrationsprozessen und Beschäftigungsabbau geprägt ist. Dieser lässt sich daran erkennen, dass die Zahl der Handwerksbetriebe innerhalb von nur drei Jahren (1998 bis 2001) um 25% gesunken ist[112]. Bei Betrieben mit mehr als 20 Mitarbeitern ist dieser Trend weniger ausgeprägt, aber ebenfalls vorhanden. Ging der Trend noch vor einigen Jahren hin zu Großbäckereien, so geht er inzwischen hin zu mittleren bis größeren Filialbetrieben (Systembäckereien). Ein Teil dieser Entwicklung lässt sich auf eine einzige Innovation zurückführen: Teiglinge für Kleinbackwaren, die zentral mit industriellen Methoden hergestellt und in den Filialen frisch fertig gebacken werden, gehören inzwischen zum Stand der Technik und machen es möglich, dass Kleingebäck in den Verkaufsstellen frisch hergestellt werden kann.

Der Umsatz pro Beschäftigten und auch der Umsatz pro Betrieb sind bei der Herstellung von Backwaren am niedrigsten in der gesamten Lebensmittelindustrie. In der Region Berlin-Brandenburg sind die Umsätze pro Beschäftigten und pro Betrieb allerdings etwas höher als im Bundesdurchschnitt. Trotz des Strukturwandels und trotz der Tatsache, dass das Backgewerbe nur etwa 10% der Umsatzes der Lebensmittelindustrie in der Region erwirtschaftet, beschäftigt der Backwarensektor über mehr als ein Drittel der gesamten Beschäftigten der Lebensmittelindustrie in Berlin und Brandenburg. Direkte Anknüpfungen zur Wissenschaft sind rar, da ein Großteil der Betriebe keine FuE betreibt. Innovationen werden in der Regel von Zulieferern bezogen, die Marketinghilfen und Rezepturentwicklungen liefern. Eine weitere Quelle für Innovationen ist der Maschinenbau. In der Region Berlin-Brandenburg sind allerdings kaum bedeutende Bäckereizulieferer oder Hersteller backwarenspezifischer Maschinerie ansässig.

3.3.9 Verflochtene Branchen

Die Lebensmittelindustrie ist ein wichtiger Kunde der Werbewirtschaft, die speziell in Berlin von einiger Bedeutung ist. Fünf der Top Ten der Werbetreibenden sind Lebensmittelhersteller oder -händler[115]. Da allerdings praktisch keine Zentralen oder Marketingabteilungen großer Lebensmittelkonzerne in der Region ansässig sind, ist das Vernetzungspotenzial gering. Die Bedeutung der regionalen Unternehmen als Kunde der Werbewirtschaft dürfte eher gering sein.

Die Verpackungsindustrie ist ein weiterer wichtiger Zulieferer der Lebensmittelindustrie. In der Region werden praktisch sämtliche Arten von Lebensmittelverpackungen hergestellt. Es sind Herstellungswerke für Folien, Glas, Kartonagen, Dosen, Aluminiumverpackungen und ähnliche Verpackungen vorhanden - allerdings, wie bei der Lebensmittelindustrie auch, kaum Zentralen von Unternehmen. Die Verpackungsindustrie der Region hatte im Jahr 2001 knapp 3.000 Beschäftigte. Wie viele davon allerdings direkt mit der Herstellung von Lebensmittelverpackungen beschäftigt sind, ist der amtlichen Statistik nicht zu entnehmen.

Darüber hinaus ist die Lebensmittelindustrie ein wichtiger Kunde des Anlagenbaus für ihre Produktion. In der Region Berlin-Brandenburg sind allerdings nur wenige kleinere Anlagenbauer beheimatet, die ihren Schwerpunkt auf Anlagen haben, die mit Lebensmitteln in Berührung kommen. Diese sind vorwiegend in den Segmenten Hochdrucktechnik, Extraktion und Filtration sowie Pasteurisierung tätig. Systemlieferanten sind in der Region ebenso wenig vorhanden wie unternehmerische Netzwerke, die sich auf die Lebensmittelverarbeitung konzentrieren.

Weiterhin weist das Dienstleistungsgewerbe einen hohen Verflechtungsgrad mit der Lebensmittelindustrie auf[28]. Neben einer Reihe von Laborbetrieben, die der Lebensmittelindustrie Labordienstleistungen anbieten, kommen hier FuE und Projektierungsdienstleistungen ebenso in Betracht wie das Outsourcing von Logistikleistungen, EDV-Service, Pförtnern, Hausmeistern und Betriebskantinen. In einer Befragung von Berliner Industriebetrieben zur Einschätzung der Möglichkeiten, zusätzliche Waren und Dienstleistungen aus Berlin zu beziehen, äußerten knapp 70% der Unternehmen des Ernährungs- und Tabakgewerbes, ein solcher Bezug sei nicht möglich. Da von den Unternehmen nur einfache betriebsbezogene Dienstleistungen als Vorleistungen benannt wurden, deren Bezug aus der Region möglich ist, kann die Richtigkeit der Einschätzungen zumindest teilweise bezweifelt werden. Der Autor sieht deshalb Potenzial, mehr regionale Zulieferer an die Lebensmittelindustrie zu binden sowohl in der Zulieferung von Waren als auch von Dienstleistungen.

3.4 Standortfaktoren der Region

3.4.1 Stärken

Erfreulich ist, dass in etlichen Sektoren die Betriebe in Berlin-Brandenburg produktiver sind als im Bundesdurchschnitt, d.h. dass sie überdurchschnittliche Umsätze pro Betrieb und vor allem überdurchschnittliche Umsätze pro Mitarbeiter machen. Neben der bereits erwähnten Berliner Kaffee- und Süßwarenindustrie gilt dies speziell für die Brandenburger Milchverarbeitung. Die Obst- und Gemüseverarbeiter und die Hersteller von Säften und Erfrischungsgetränken weisen in Brandenburg zweistellige Wachstumsraten auf. Die Geflügelschlachthöfe, die Herstellung von Stärkeprodukten und von Futtermitteln weisen ebenfalls hohe einstellige Wachstumsraten auf. Ein Teil dieser Umsatzstärke scheint - so das Ergebnis einiger Interviews zu dieser Studie - auf Kostenführerschaft in der Herstellungstechnik zurückzugehen. Andere Ursachen sind Markenaktivitäten und das Erreichen der Listung im regionalen LEH. Dies zeigt, dass die Lebensmittelbranche in ihre Technologie investiert und insgesamt trotz des Verdrängungswettbewerbes relativ gesund ist.

Die Lebensmittelindustrie ist einer der für die Region wichtigsten Wirtschaftszweige überhaupt. Dies liegt nur zum Teil am Niedergang der klassischen Industrien der Region (Elektro, Maschinenbau), und auch nur zum Teil daran, dass die Region bei manchen Produkten noch nie ein bevorzugter Standort war. Chemie und Textilindustrie sowie die Hersteller von Bedarfsgegenständen sitzen traditionell in anderen Regionen. Insbesondere ist die Lebensmittelindustrie in der Region relativ konstant geblieben. In Berlin sind etliche der mit Westberlin-Förderungen angelockten Betriebe auch mit deren Wegfall ansässig geblieben, in Brandenburg profitierten Unternehmen der Lebensmittelindustrie stärker von eingeführten regionalen Marken als dies in anderen Industriezweigen der Fall war. Neu entstehende Branchen wie die Biotechnologie und die Informationstechnik befinden sich in einem Konsolidierungsprozess, der das rapide Wachstum gebremst hat. Diese nachwachsenden Branchen sind oft bei weitem nicht so groß wie die Traditionsbranche Lebensmittel. Die Lebensmittelindustrie ist eine wirtschaftlich relativ gut aufgestellte Branche, die auch die Herstellung ihrer Produkte noch vielfach regional betreibt. Deswegen ist sie in hohem Maße arbeitsplatzrelevant. Das Wachstumspotenzial der LM-Branche ist allerdings geringer als in anderen Branchen, da die Märkte weitgehend gesättigt sind. Deshalb sollte sich Wirtschaftspolitik darauf konzentrieren, solche Unternehmen anzusiedeln, die in der Region noch nicht aktiv sind, und darauf, die ansässigen mittelständischen Betriebe wettbewerbsfähiger zu machen, indem Innovation bei der Erzeugnis- und Verfahrensentwicklung gefördert wird. Auch regionale Markenstrategien sind erfolgreich und sollten unbedingt weiter gefördert werden. Für die Wirtschaftspolitik ist die Lebensmittelindustrie auch deshalb eine interessante Zielbranche, weil sie eine Vielzahl von Produkten vor Ort fertigt und dabei auch Arbeitsplätze für niedriger qualifiziertes Personal anbietet bzw. solches Personal aus dem Dienstleistungssektor beschäftigt.

Der Agrarbericht des Landes Brandenburg bezeichnet es als Stärke und Schwäche des Standortes zugleich, dass in Brandenburg Hersteller hochveredelter Produkte weitgehend fehlen und sich die Lebensmittelindustrie auf die Verarbeitung regionaler landwirtschaftlicher Rohstoffe konzentriert. Es wird auch hervorgehoben, dass durch hohe Investitionen die Arbeitsproduktivität deutlich gestiegen sei. Auch die stark öffentlich unterstützten Qualitätsoffensiven der „pro agro", die zu hohem Verbrauchervertrauen geführt haben, werden ausdrücklich als Stärken erwähnt.

Eine Stärke des Standorts sind die Aktivitäten der Messe Berlin: Neben der international bedeutsamen Grünen Woche, die vor allem Lebensmittelinnovationen aus aller Welt präsentiert, zielt vor allen die Fachmesse Fruit-Logistika auf die Obst- und Gemüseverarbeiter und Händler. Verfahrenstechnische Neuheiten werden allerdings weniger auf der Grünen Woche als vielmehr auf der ANUGA in Köln präsentiert. Eine regionale Messe zum Thema Obst und Gemüse findet in Poznán statt. Die Grüne Woche hat im Durchschnitt 450.000 Besucher, die in 2004 durchschnittlich 104 EUR für Bestellungen und 26 EUR für den Verzehr ausgaben[116]. Damit ist die Grüne Woche auch ein wichtiger Testmarkt für neue Produkte, der von Brandenburger Herstellern konzertierter genutzt wird als von Berliner Herstellern.

Der Wirtschaftsbericht des Landes Berlin nennt den Absatzmarkt der Region als einen der wichtigen Standortfaktoren. Vor allem die relative Größe des Marktes auf kleinem Raum wird als Standortfaktor hervorgehoben. In Interviews wurde der Standort Berlin-Brandenburg meist als durchschnittlicher Standort bezeichnet, der weder besondere Stärken noch besondere Schwächen aufweist.

Die Kompetenz der wissenschaftlichen Einrichtungen in der Region wurde in Unternehmen als eine herausragende Stärke des Standortes benannt, obwohl sie für konkrete Innovationsprojekte von der Lebensmittelindustrie der Region vergleichsweise wenig genutzt wird.

3.4.2   Schwächen

Eine Schwäche des Wirtschaftsstandorts im Ernährungssektor ist der geringe Bestand an Markenartikelunternehmen, die ihren Sitz oder ihre FuE in der Region haben. Obwohl insbesondere in den Randbereichen der Lebensmittelindustrie vertriebsstarke Markenartikler vorhanden sind, ist insgesamt die Markenartikelkompetenz geringer als in der Lebensmittelindustrie üblich. Dies bringt mit sich, dass auch die Entwicklung völlig neuer Produkte in der Wirtschaft der Region weniger Bedeutung hat als an den Standorten der Global Player.

Speziell in Berlin wurde in den Interviews gelegentlich, aber nicht von allen Betrieben, die für die Wirtschaft hemmend wirkende öffentliche Bürokratie und die geringe Kooperationsbereitschaft von Berliner Behörden als Problem genannt. Andere beschrieben die Berliner Behörden als ebenso unkooperativ wie in anderen Bundesländern. In Brandenburg waren die Äußerungen ähnlich.

Bei Interviews im Land Berlin wurde auch häufig darauf hingewiesen, dass der Wasserpreis für die Lebensmittelindustrie ein wichtiger Standortfaktor ist, der von der Politik nicht weiter erhöht werden sollte, da er bereits jetzt relativ hoch ist. Da der Wasserpreis bei fast allen Unternehmen der Lebensmittelindustrie unmittelbar in die Produktionskosten eingeht, sind Erhöhungen des Wasserpreises direkt wettbewerbsschädlich. Die Konzessionsabgabe wird bereits jetzt als zu hoch empfunden.

Schließlich haben Betriebe des verarbeitenden Gewerbes in Berlin, wie in anderen Großstädten auch, einen höheren Krankenstand als an kleinstädtisch oder ländlich geprägten Standorten.

3.5 Landwirtschaft

Obwohl im Mittelpunkt dieser Studie die Lebensmittelindustrie steht, ist es vor dem Hintergrund des Studienziels, Themen mit Wachstumspotenzial für die Region zu identifizieren, und vor dem Hintergrund der agrarisch geprägten Region außerhalb des engeren Berliner Verflechtungsraums erforderlich, die quantitative Bedeutung der Landwirtschaft und ihrer Erzeugnisse näher zu betrachten.

3.5.1 Bedeutung der Landwirtschaft und des Gartenbaus

Im Land Berlin spielt die Landwirtschaft praktisch keine nennenswerte Rolle. Im Jahr 2001 hatten die landwirtschaftlichen Betriebe in Berlin insgesamt etwa 500 Beschäftigte. Es handelt sich bei den etwa 90 landwirtschaftlichen Betrieben überwiegend um Gartenbaubetriebe, die Zierpflanzen herstellen. Die Viehhaltung spielt praktisch keine Rolle. Mit einem Bestand von 500 Tieren sind Pferde der zahlenmäßig bedeutendste Nutztierbestand in Berlin, neben etwas Geflügel und 109.000 Hunden[117]. Der Senat von Berlin spielt allerdings als landwirtschaftlicher Unternehmer mit einem erheblichen Beitrag zur Milcherzeugung im Land Brandenburg eine erhebliche Rolle, ohne dass allerdings zu erkennen wäre, dass der Senat von Berlin mit diesem Engagement eine Strategie verfolgt. Die Berliner Stadtgüter haben weder eine Ausrichtung als besondere Vorzeigebetriebe noch als Innovationsmotor, geschweige denn, dass eine Notwendigkeit zur Versorgung der Berliner Bevölkerung bestünde. Das Bemühen des Senats von Berlin um den Verkauf der Stadtgüter war bisher nicht erfolgreich.

Für Brandenburg ist die Landwirtschaft nach wie vor ein bedeutender Wirtschaftszweig, der etwa 3% der Gesamtbevölkerung beschäftigt. „Trotz vieler einschränkender Bestimmungen ist es Landwirten aller Rechtsformen gelungen, entwicklungsfähige Betriebe aus dem Boden zu stampfen, rationell zu produzieren und Produkte in höchster Qualität zu produzieren", lautet das Fazit auf der Website des Landesbauernverbandes. Nach der Arbeitskräfteerhebung aus dem Jahr 2001 sind rund 30.000 Beschäftige in der Landwirtschaft tätig, davon immerhin 17.000 familienfremde vollbeschäftigte Arbeitskräfte und rund 12.000 teilzeitbeschäftigte familienfremde Arbeitskräfte. Obwohl die Betriebe in der Rechtsform einer juristischen Person nur 13% aller Betriebe ausmachten (901 von 6914), beschäftigten sie knapp 60% aller Arbeitskräfte. Personengesellschaften beschäftigten weitere 17% der Arbeitskräfte, obwohl sie nur einen Anteil von 9% der Betriebe ausmachen[118].

Unternehmensdaten aus der Landwirtschaft werden in anderen amtlichen Statistiken erfasst als die Daten aus dem verarbeitenden Gewerbe, so dass die im Folgenden angegebenen Daten nicht direkt vergleichbar sind. Die Agrarstatistik liefert insbesondere Angaben zu Produktionsmengen und zur Produktionsflächen je Erzeugnis. Daten darüber, welche Erzeugnisse für Landwirtschaft und Gartenbau wirtschaftlich besonders lukrativ sind, sind der amtlichen Statistik nicht zu entnehmen. Da allerdings in der Landwirtschaft bei einer Gesamtzahl von knapp 250 Betrieben, deren Bilanzen als Testbetrieb des BMVEL en detail ausgewertet werden, der Anteil der Subventionen am Umsatz zwischen 20% (größere Betriebe) und 30% (kleinere Betriebe) - im Durchschnitt um 21% lag[118] - ist die Wirtschaftlichkeit einzelner Erzeugnisse in so hohem Maße von der (nicht in der Region gemachten) Agrarpolitik abhängig, dass marktwirtschaftliche Steuermechanismen im Hinblick auf die Erzeugung einzelner Erzeugnisse nur sehr eingeschränkt vorhanden scheinen. Die in den Kapiteln über das verarbeitende Gewerbe angegebenen Daten über die Umsätze pro Betrieb und pro Beschäftigten sind ebenfalls nicht direkt in der landwirtschaftlichen Statistik erfasst. Die im Agrarbericht Brandenburg 2002 angegebenen betriebswirtschaftlichen Daten wurden deshalb so ausgewertet, dass sie den im Kapitel über die Industrie angegebenen Werten in etwa entsprechen. Dabei wurden folgende Zahlen ermittelt: Im Durchschnitt betrug der Umsatz pro Betrieb um 1 Mio. EUR, die Zahl der Arbeitskräfte pro Betrieb lag um elf Arbeitskräfte und der Umsatz pro Beschäftigten lag bei 89 Tsd. EUR. Die Subventionen lagen im Durchschnitt bei 19 EUR pro Beschäftigten und bei etwa 21% des Umsatzes. Diese Werte sind allerdings eine recht grobe Abschätzung, da die Zahl der beobachteten Betriebe recht klein und nicht unbedingt repräsentativ ist. Die vom BMVEL beobachteten Betriebe in Form von Personengesellschaften sind überdurchschnittlich groß. Die tatsächlichen Umsätze pro Betrieb und die Zahl der Arbeitskräfte pro Betrieb dürften also noch etwas geringer sein als abgeschätzt. Für ökologisch wirtschaftende Betriebe nennt derselbe Bericht zwar betriebswirtschaftliche Kennzahlen, die wirtschaftlicher erscheinen als der Durchschnitt. Da derselbe Bericht jedoch im Textteil explizit darauf hinweist, dass die ausgewertete Stichprobe zu klein sei, um sichere Erkenntnisse zu gewinnen, wurden die Daten nicht übernommen. Insgesamt ist das landwirtschaftliche Marktumfeld sehr stark reguliert, in vielen Bereichen stärker von der Landwirtschaftspolitik als vom Markt getrieben und für Branchenfremde schwer zu durchschauen. Eine auch für Branchenfremde verständliche kurze Einführung in die Funktionsweise der landwirtschaftlichen Marktordnung gibt die Landesstelle für landwirtschaftliche Marktkunde (LLM) in Schwäbisch Gmünd[119] heraus.

3.5.2 Erzeugnisse

Der Produktionswert der Brandenburger Landwirtschaft lag im Jahr 1999 bei knapp 1,9 Mrd. EUR, davon waren etwa 1,2 Mrd. EUR Verkaufserlöse[120]. Der Produktionswert entsprach 1999 etwa 4,6% des Brandenburger Bruttoinlandsproduktes. Er lag damit etwas unter dem Gesamtumsatz der Brandenburger Lebensmittelindustrie von 2,1 Mrd. EUR und deutlich unter dem Umsatz der Berliner Lebensmittelindustrie von 4,1 Mrd. EUR. Der Anteil des Produktionswerts der Brandenburger Landwirtschaft an der gesamten deutschen Landwirtschaftsproduktion liegt bei etwa 4,5%. Verglichen mit dem Bevölkerungsanteil Brandenburgs an der deutschen Gesamtbevölkerung (3,1%)[121] liegt dieser Wert etwas höher. Er ist deutlich höher als der Anteil Brandenburgs am deutschen BIP (2,1%)[12] und geringer als der Anteil Brandenburgs an der bundesweit landwirtschaftlich genutzten Fläche (7,2%)[121] im gleichen Jahr. Die nachstehenden Daten stammen, wenn nicht anders erwähnt, aus dem Agrarbericht 2002[118] und dem statistischen Jahrbuch 2001[121] und wurden vom Autor aggregiert.

Die Erzeugnisse der Brandenburger Landwirtschaft sind im Wesentlichen viehwirtschaftliche Produkte wie Schlachtvieh und Milch, Viehfutter und pflanzliche Produkte. Der Beitrag Brandenburgs zur Nutztierproduktion entspricht etwa dem, was man angesichts der Größe Brandenburgs erwarten kann. Rinder und Schafe haben eine höhere Bedeutung als im Bundesdurchschnitt, Schweine eine geringere. Die Milchproduktion entspricht in ihrer Bedeutung der des

Rinderbestands. Der Anteil Brandenburgs an der bundesweiten Erzeugung von Schlachtfleisch ist deutlich geringer als der Anteil des Viehbestands. Dass Schlachten in der Region eine unterduchschnittliche Rolle spielt, hängt damit zusammen, dass ein großer Teil des Schlachtviehs außerhalb der Region geschlachtet wird. Etwa die Hälfte der Feldfrüchte sind reine Futterpflanzen; Silomais und der Ertrag von Wiesen und Mähweiden machen, wie im Bundesdurchschnitt auch, etwas über 50% der erzeugten Mengen aus. Die Bedeutung des Roggens für Brandenburg ist allein aus klimatischen Gründen und aus Gründen der Bodengüte herausragend. Brandenburg produziert knapp ein Viertel des gesamten Roggens in Deutschland. Bei fast 30% der Feldfrüchte (ohne Futterpflanzen) handelt es sich um Roggen. Winterweizen, Zuckerrüben und Kartoffeln sind weitere wichtige Produkte; ihre Bedeutung ist aber geringer als im Bundesdurchschnitt.

Der Gartenbau trägt in Brandenburg etwa 20% zur Wertschöpfung in der pflanzlichen Produktion bei[122]. Beim Freilandanbau von Gemüse sind Möhren und Gurken von herausragender Bedeutung. Möhren machen ein reichliches Drittel, Gurken ein knappes Drittel der Produktion aus. Der Anteil Brandenburgs an der deutschen Produktion von Gurken ist stark überdurchschnittlich, Ähnliches gilt für Spargel und in geringerem Maße auch für Frischerbsen, Möhren und rote Rüben. Bei grünen Bohnen, Spinat und Rosenkohl ist Brandenburgs Anteil durchschnittlich bei allen anderen Gemüsen geringer. Bei Betrachtung der Anbauflächen gilt Ähnliches: Etwa drei Viertel der Gartenbaufläche ist mit Spargel, Möhren, Gurken, Frischerbsen und Pflückbohnen bebaut[122]. Die Anbauflächen für Freilandgemüse sind in den letzten zehn Jahren stark expandiert, ebenso die Produktion [122]. Das LVL hält erhebliche Steigerungen im Segment Gemüse, speziell im Segment Industriegemüse, für möglich, wenn die Verarbeitungskapazitäten erhöht werden können[122]. Ein weiteres Wachstumssegment ist die Erzeugung von Pilzen.

Beim Obst beträgt der Anteil der Äpfel an der Produktion, wie bundesweit auch, knapp 80%. Eine auffallend große Rolle spielen Kirschen, deren Produktionsanteile in Brandenburg erheblich über dem Bundesdurchschnitt liegen und die auch einen relativ hohen Anteil an der deutschen Gesamtproduktion haben. Pflaumen und Erdbeeren sind weitere häufig angebaute Obstarten. Mengenmäßig von geringerer Bedeutung, aber stark wachsend und mit relativ hoher Wertschöpfung verbunden sind „heimische exotische Früchte" wie Kulturrassen von Sanddorn, Wildbeeren und Topinambur. Ob es gelingt, die Erfolgsstory des Brandenburger Spargels nachzuahmen, bleibt abzuwarten. Das LVL hält eine Steigerung der Produktion bei Erdbeeren und Pflaumenarten für möglich, wenn die regionalen Märkte besser erschlossen werden können[122]. Sowohl in der genannten Studie des LVL als auch in mehreren Interviews wurde die große Sortenvielfalt der Brandenburger Apfelproduktion als besondere Stärke des Standortes genannt. Auch der vom LVL vorgehaltene Genpool von ca. 1000 Sorten innerhalb der Versuchsanbauanlagen für Obst, Gemüse, Hackfrüchte und Getreide wurde als eine der Stärken Brandenburgs mehrfach genannt. Speziell die Obstbauversuchsstation Müncheberg wurde in einer ganzen Reihe von Interviews als Highlight erwähnt.

Selbstverständlich sollte nicht außer Acht gelassen werden, dass die Brandenburger Landwirtschaft aus klimatischen Gründen und Gründen der Bodengüte nur eine relativ begrenzte Anzahl von Erzeugnissen produzieren kann. Ohne näher darauf einzugehen, sei an dieser Stelle auch darauf hingewiesen, dass in Brandenburg eine ganze Reihe landwirtschaftlicher Innovationen im Bereich der Erzeugung und Veredlung nachwachsender Rohstoffe gerade außerhalb der Erzeugung von Lebensmitteln von zunehmender Bedeutung sind. Dazu gehören Biodiesel aus Raps, Dämm- und Böschungsmatten aus Hanf, Milchsäure aus Roggen und anderes.

3.6   Polen vor dem EU-Beitritt

Polens Beitritt zur EU steht kurz bevor. Deshalb wird im Folgenden der Frage nachgegangen, ob für die Lebensmittelwirtschaft oder die Wissenschaft der Region eine besondere Chance im gezielten Aufbau engerer Verflechtungen mit den polnischen Nachbarregionen besteht.

3.6.1   Agrar- und Lebensmittelindustrie

Die Lebensmittelindustrie weist bereits jetzt, kurz vor dem EU-Beitritt Polens, eine gewisse grenzüberschreitende Verflechtung auf, die stark wächst. Die Wirtschaftsvereinigung der Ernährungsindustrie in Berlin und Brandenburg e.V. (wveb) gibt unter Berufung auf den Landesbetrieb für Datenverarbeitung und Statistik für den Zeitraum von 1997 bis 2001 ein Wachstum von 45,8 % für die Exporte und 60,6% für die Importe der brandenburgischen Lebensmittelindustrie nach und aus Polen an (gegenüber 38,4% bzw. 49,7% in der Gesamtwirtschaft)[123]. Da der Außenhandel der Brandenburger Lebensmittelindustrie mit Polen insgesamt auf relativ niedrigen Niveau liegt und von deutlich geringerer Bedeutung ist als der Außenhandel mit EU-Staaten, schätzt die selbe Quelle das Wachstumspotenzial als erheblich ein. Der Verband schätzt Polen als einen wichtigen Markt ein und nennt auch Beispiele von Unternehmen, die auf dem polnischen Markt heute bereits sehr aktiv tätig sind. Der Verband rechnet auch mit Direktinvestitionen von Mittelständlern in Polen. Gleichzeitig ist der Import polnischer Agrarprodukte eine Ausweitung der Rohstoffbasis für Verarbeiter in der Region. Der Außenhandelssaldo der deutschen Lebensmittelindustrie mit Polen ist auch bei verarbeiteten Lebensmitteln von 1997 bis 2001 stark gestiegen. Im Jahr 2001 betrugen die Einfuhren etwa 750 Mio. EUR, die Ausfuhren etwa 500 Mio. EUR. Der Bundesverband der Ernährungsindustrie, BVE[124] gibt für 2001 ölhaltige Pflanzen, Öle und Fette, Kakaoerzeugnisse, Kaffee, Tee und Gewürze als die wichtigsten deutschen Exportartikel der Lebensmittelindustrie an. Als wichtigste Importwaren werden Obst und Gemüse als Rohwaren, Gemüse, Obst und Obstsaft in verarbeiteter Form sowie Fisch- und Fleischwaren genannt.

Der Bericht des polnischen Ministeriums für Landwirtschaft und ländliche Entwicklung[125] nennt für 2001 Milchpulver, das vorwiegend nach Algerien und Mexiko ging, und Kakaoprodukte, die vorwiegend nach Tschechien, Großbritannien und Russland gingen, als wichtigste Exportprodukte der polnischen Lebensmittelindustrie. Dicht auf diese Artikel folgen Apfelsaft und Geflügelfleisch, die vorwiegend nach Deutschland exportiert wurden. Weitere wichtige Exportartikel nach Deutschland waren gefrorenes Gemüse, gefrorene Kirschen und gefrorene Beeren, außerdem frische Pilze. Deutschland ist mit 20% aller Exporte der wichtigste Absatzmarkt der polnischen Lebensmittelindustrie. Die wichtigsten Importartikel Polens sind Sojabohnenkuchen, die fast vollständig aus Holland, Belgien und Deutschland kamen, weiterhin Zitrusfrüchte, Kaffee und Tabak, die naturgemäß nicht aus Deutschland kamen. Die Nahrungsmittelindustrie ist insgesamt für Polen ein wichtiger Wirtschaftszweig. Polen nahm im Jahr 2000 im Welthandel mit Agrar- und Nahrungsmitteln vordere Plätze ein im Export von Pferden und Pferdefleisch, Wurstwaren, Äpfeln und Apfelsaft, Erdbeeren, Milchpulver, Schokoladeprodukten und Zucker, sowie beim Import von Zitronen, Tee, Trauben, Kaffee und Wein.

Die Landwirtschaft in Polen ähnelt in ihrem Produktspektrum der in Brandenburg, Hauptprodukte sind Kartoffeln, Roggen, Äpfel, Beeren, Kohl, Möhren, Raps und Milch. Etwas über die Hälfte der Produktion sind Waren, der Rest sind Futtermittel und Lebensmittel für den Eigenbedarf. Die Erträge sind geringer als in Deutschland, vor allem wegen der erheblich geringeren Düngung. Obwohl Polen in der Produktion sämtlicher Getreidearten jeweils einen der vorderen Plätze der Weltproduktion innehat, ist der Außenhandelssaldo beim Getreide negativ. Ökologische Landwirtschaft ist so wie in allen anderen EU-Staaten geregelt, spielt aber nur eine vergleichsweise geringe Rolle. Eine Einnahmequelle, die für landwirtschaftliche Betriebe von wachsender Bedeutung ist, ist der Agro- und Landtourismus in Verbindung mit entsprechenden Freizeitangeboten (wie Angeln, Radfahren oder Reiten), der steuerlich stark gefördert wird.

Zentren des Obst- und Gemüseanbaus sind jeweils in Nähe der großen Städte. Der Obstanbau (hauptsächlich Äpfel, Sauerkirschen, Erdbeeren und Johannisbeeren) ist in der Region Radom (40 km südlich von Warschau), außerdem in Zentralpolen und in den Karpaten beheimatet. Der Anbau von Freilandgemüse (Kohl, Zwiebeln, Möhren, Rote Beete, Gurken und Tomaten) findet vorwiegend in Zentral-, Süd- und Südostpolen statt. Der Anbau von Gewächshausgemüse (Tomaten, Gurken, Kopfsalat und Paprika) ist in Zentralpolen am stärksten vertreten.

Die Nahrungsmittelindustrie produziert etwa 20% der gesamten polnischen Industrieproduktion. In diesem Wirtschaftszweig sind etwa 15% aller Industriebeschäftigten (Deutschland: 1-2%) und etwa 8% aller Beschäftigten der polnischen Wirtschaft tätig. Die Produktivität ist geringer als in der EU. Auf Grund der relativ geringen Löhne beträgt der Anteil des Einkommens, den private Haushalte für Nahrungsmittel ausgeben, über 30% des Haushaltseinkommens. Die Rentabilität der Nahrungsmittelindustrie ist unter dem EU-Durchschnitt. In Westdeutschland liegt die Umsatzrendite in der Lebensmittelindustrie bei 1,5% bis 2,5%, in Ostdeutschland nied-

Tabelle 6
Rentabilität in der polnischen Industrie[125]

	Rentabilität*			
	Brutto		Netto	
	2000	2001	2000	2001
Industrie gesamt	1,4	0,6	0,3	-0,3
Lebensmittelindustrie gesamt	1,1	2,0	0,1	0,9
- darunter öffentlicher Sektor	1,8	-0,9	0,7	-1,9
- darunter privater Sektor	0,9	2,4	0	1,3

*Verhältnis zwischen dem Brutto- bzw. Nettoergebnis zu Einnahmen aus der Gesamttätigkeit

In die Modernisierung der Agrar- und Lebensmittelindustrie wurde in den letzten zehn Jahren erheblich investiert, auch mit Hilfe von Direktinvestitionen aus EU-Ländern. Die veterinärmedizinischen und phytosanitären Gepflogenheiten wurden ebenso den EU-Standards angepasst wie die Lebensmittelhygiene. In einigen Bereichen hat Polen für die Anpassung der Standards Übergangszeiten beantragt. Viele Projekte, die aus dem PHARE-Programm gefördert werden, laufen noch bis 2006. In wenigen Bereichen ist Polen sogar restriktiver als die EU, beispielsweise bei der Kontrolle angebauter Sorten, bei Konservierungsstoffen in Lebensmitteln und bei der Verwendung von Hormonen in der Fleischproduktion. Da gerade auf dem deutschen Markt davon auszugehen ist, dass der IFS-Standard bei der Lebensmittelsicherheit sich auf Grund der Machtstellung des Handels durchsetzt, kann davon ausgegangen werden, dass polnische Erzeugnisse auf dem deutschen Markt sehr schnell den gleichen Anforderungen entsprechen wie inländische. Ähnliches gilt vermutlich auch für Zulieferer von Rohstoffen für deutsche Verarbeiter.

Weder die Zahlen des BVE über die polnische Lebensmittelindustrie noch die vorstehenden Daten des polnischen Landwirtschaftsministeriums sind direkt im Hinblick auf ihre Bedeutung für die Lebensmittelindustrie in Berlin-Brandenburg interpretierbar, da sie weder in Deutschland noch in Polen nach Regionen verfügbar sind. Es ist jedoch offensichtlich, dass sowohl das Erzeugnisspektrum als auch das Verarbeiterspektrum in Polen und in Berlin-Brandenburg recht ähnlich sind. Ob daraus ein bedrohlich wirkendes Konkurrenzszenario oder ein Synergiepotenzial begründet wird, scheint wesentlich von der Interessenlage der jeweiligen Autoren abzuhängen. Wirtschaftsverbände wie der wveb, Intermediäre[127] und die Politik sehen darin überwiegend eine herausragende Wachstumschance. Der Deutsche Bauernverband sieht in der Osterweiterung der EU sowohl eine große Absatzchance für Fleisch, Milch und Milchprodukte als auch einen Risikofaktor für die einzelbetriebliche Entwicklung[128]. Klischeehaft negative Beurteilungen sind vor allem in der Boulevardpresse häufiger anzutreffen.

Die Knüpfung engerer Verflechtungsbeziehungen wird politisch stark unterstützt: Staatliche Stellen und Intermediäre aus beiden Ländern geben eine Vielzahl von Informationsschriften heraus. Brandenburger Landkreise gehören zu drei Europaregionen - Pomerania, Viadrina und Spree-Neiße-Bober - die aktiv darum bemüht sind, grenzüberschreitende Zusammenarbeit zu fördern. Intermediäre wie die Deutsch-Polnische Wirtschaftsfördergesellschaft AG in Gorzów Wlkp. (Landsberg) haben bereits mehrfach spezifische Veranstaltungen für die Lebensmittelindustrie durchgeführt. In Interviews in der Region äußerten Unternehmen und Verbandsvertreter sich durchweg eher positiv. Um die Ausweitung eigener Absatzchancen oder gar die Eröffnung von Zweigbetrieben für Vertrieb oder Produktion haben sich bisher allerdings eher größere Unternehmen bemüht. Kleine Unternehmen oder kleinere Mittelständler verhielten sich eher abwartend, waren aber sehr aufgeschlossen für Informationen. Von verarbeitenden Unternehmen, die Interesse am Vertragsanbau von Obst, Gemüse oder Feldfrüchten haben, wurde die Kooperation mit polnischen landwirtschaftlichen Betrieben äußerst positiv gesehen. Polnische Vertragspartner wurden in mehreren Interviews als flexibler bezeichnet als die Landwirtschaft in Deutschland. In mehreren Interviews wurde auch geäußert, dass polnische Agrarprodukte inzwischen im Bereich der Gemüseverarbeitung in Berlin und Brandenburg eine Rolle als Rohstoff spielen, der in Betrieben der Region verarbeitet wird.

In der grenznächsten Woiwodschaft Lubuskie ist die Bedeutung der Landwirtschaft mit am niedrigsten in ganz Polen. Die Wirtschaftskraft wird hier in Industrie (30%) und Dienstleistungsgewerbe (60%) erzeugt. Es existiert eine Reihe von Lebensmittelverarbeitern. In Küstrin-Slubice besteht eine Sonderwirtschaftszone, in der sich auch Lebensmittelunternehmen angesiedelt haben. An der Gesamtindustrie der Woiwodschaft hat die Lebensmittelindustrie einen Anteil von etwa 20%[129]. Umfangreichere Kooperationen oder Aktivitäten der Berlin-Brandenburger Lebensmittelindustrie dürften deshalb und auf Grund der Lage der Hauptanbauregionen weniger in der Grenzregion als vielmehr in den zentralen und südlichen Regionen Polens zu erwarten sein.

3.6.2 Wissenschaft

Das polnische Hochschulsystem ist in den letzten Jahren sehr stark gewachsen. Die Studenten-zahlen stiegen von 0,4 Mio. (1990) auf 1,8 Mio. (2003) an. Die Zahl der Hochschulen und höheren Ausbildungsstätten der beruflichen Bildung stieg von 100 (1990) auf 360 (2003). Die Zahl der Promotionen und Habilitationen ist um 100% gestiegen. Polen hat die Deklaration von Bologna unterzeichnet und arbeitet daran, durch einen Akkreditierungsrat die Qualität der Ausbildung mit internationalen Standards vergleichbar zu machen. Dieser Prozess soll 2005 abgeschlossen sein. ECTS-Systeme sind bereits heute an vielen Hochschulen in Kraft. Etwa die Hälfte der Stu-denten zahlt Studiengebühren von durchschnittlich 1.000 EUR pro Jahr. Es wird erwartet, dass die Zahl der Studenten bei etwa 2 Mio. bleiben, die Zahl der Hochschulen mittelfristig durch Zu-sammenschlüsse und Einstellungen sinken wird[130]. Forschung im lebensmittelrelevanten Bereich findet in Polen sowohl in Universitäten, im Wesentlichen in den Landwirtschaftsuniversitäten, in Forschungseinrichtungen des Landwirtschaftsministeriums und in Forschungsstätten der polni-schen Akademie der Wissenschaften statt. Die Forschung ist nicht regional konzentriert.

Von den Forschungsinstituten im Bereich des Landwirtschaftsministeriums sind in West-polen das Institut für Pflanzenschutz und das Institut für Pflanzen- und Kräuterkunde mit Sitz in Posen, sowie das Institut für Bauwesen, Mechanisierung und Elektrifizierung der Landwirtschaft, Warschau und das Institut für Pflanzenzucht und -akklimatisierung jeweils mit einer Außenstelle in Posen vertreten.

Westpolnische landwirtschaftliche Universitäten befinden sich in Breslau, Posen und Stettin. Sie bieten nicht nur Studiengänge der Landwirtschaft und des Gartenbaus an, sondern auch der Lebensmitteltechnologie, der Tiermedizin und der Tierproduktion. Teilweise bestehen auch noch umwelttechnische oder geowissenschaftliche Angebote. Die westpolnischen techni-schen Universitäten in Breslau, Zielona Gora, Posen und Stettin und die Viadrina bieten keine Lebensmitteltechnologie an.

Bei den interviewten Personen aus dem Kreis intermediärer Einrichtungen und der Wirt-schaft waren wissenschaftliche Einrichtungen aus Westpolen nicht bekannt. Auch bei Interviews in der Wissenschaft wurden systematische Kooperationen mit polnischen Instituten nur in einem Fall benannt. Kontakte zu polnischen Kollegen wurden eher als sporadisch bezeichnet. Auch in der Wissenschaft war wenig über die Funktionsweise des polnischen Wissenschaftssystems oder über lebensmittelrelevante Forschungseinrichtungen in der Grenzregion bekannt.

4 Lebensmittelrelevante Wissenschaft in Berlin und Brandenburg

Der Darstellung der wissenschaftlichen Einrichtungen geht eine kurze Übersicht über die betrachteten wissenschaftlichen Disziplinen voraus. Gemeinsam ist allen Disziplinen, dass sie einem starken Strukturwandel unterliegen, der der stärker werdenden Bedeutung biowissenschaftlicher Aspekte geschuldet ist.

4.1 Lebensmittelrelevante Disziplinen

In der vorliegenden Studie sollen regionale Kooperationspotenziale zwischen Wissenschaft und Wirtschaft ermittelt werden. Die Betrachtung der wissenschaftlichen Potenziale folgt deshalb nicht den wissenschaftlichen Disziplinen, sondern bemüht sich, Wissenschaftler bzw. wissenschaftliche Einrichtungen zu erfassen, die sich mit ernährungs- und lebensmittelrelevanten Fragen befassen.

Neben den klassischerweise mit entsprechenden Fragestellungen befassten Disziplinen Ernährungswissenschaften (Oekotrophologie), Lebensmitteltechnologie und Lebensmittelchemie beschäftigen sich in der Region Wissenschaftler aus einer Reihe weiterer Disziplinen mit lebensmittelrelevanten Fragen:

- Agrarwissenschaften, vor allem aus dem Bereich Anbau, Technik, Nacherntetechnologien und Agrarökonomie
- Gartenbauwissenschaft im Bereich Obst und Gemüse
- Veterinärmedizin (zu der die gesamte Lebensmittelhygiene und -überwachung gehört)
- Biowissenschaften (Pflanzen, Enzyme, Stoffwechsel, Genetik u.s.w.)
- Chemie
- Medizin (neben Ernährungsmedizin auch Innere, Gastroenterologie und Geriatrie)
- Pharmazie (Pflanzeninhaltsstoffe)
- Verpackungstechnologie
- Soziologie (und eine Reihe weiterer geistes- und gesellschaftswissenschaftlicher Disziplinen, die allerdings in der Region keinen Lebensmittelbezug haben)

Die Betrachtung der wissenschaftlichen Potenziale losgelöst von den Disziplinen der Wissenschaft bringt den Vorteil, Wissenschaftler bzw. Fachgebiete, die sich mit ernährungsrelevanten Themen befassen, unabhängig von ihrer Disziplinzugehörigkeit zu erfassen und so ein vollständigeres Bild von der Region zeichnen zu können, als bei einer Beschränkung auf die Oekotrophologie oder die Lebensmitteltechnologie. Der Nachteil der pragmatischen Definition

„lebensmittelrelevant" besteht darin, dass die entsprechenden Wissenschaftler in einer Vielzahl von Einrichtungen nur mit erheblichem Aufwand zu lokalisieren und zu befragen sind. Auch die Quantifizierung von Aussagen ist so praktisch unmöglich.

Trendthemen der Forschung lassen sich am einfachsten durch die Durchsicht der Themen identifizieren, für die die einschlägigen Fördermittelgeber Mittel bewilligt haben. Eine Themenübersicht mit einer Unzahl von Projektreports aus EU-geförderten Projekten für Verbraucher, Unternehmen und Wissenschaftler findet sich auf der Website www.flair-flow.com, die eigens dazu eingerichtet ist, die Ergebnisse aller EU-geförderten Forschungsvorhaben aus dem Lebensmittelbereich zu veröffentlichen. Die Projektförderung des BMB+F ist ebenfalls in einer öffentlich zugänglichen Datenbank[45] nachzulesen. Auch die Förderdaten der DFG sind über eine öffentlich zugängliche Datenbank recherchierbar, die Bewilligungen sind allerdings nicht nach dem thematischen Umfeld „Ernährung" oder „Lebensmittel" abgegerenzt. Im Rahmen dieser Studie wurde auf die genauere Betrachtung wissenschaftlicher Trends im Umfeld lebensmittelerelevanter Forschung verzichtet, da dies den Rahmen der Studie sprengen würde. Der International Food Information Service (IFIS) veröffentlicht eine Abstractsammlung, aus denen sich aktuelle Trends industrienaher Forschung gut identifizieren lassen.

4.1.1   Zahlen und Leistungsdaten über ernährungsrelevante Disziplinen

Die Zählung von Arbeitsgruppen, die sich mit lebensmittelrelevanten Themen befassen, ist mit hoher Unsicherheit behaftet, da eine gewisse Wahrscheinlichkeit besteht, dass nicht alle Arbeitsgruppen in der Region überhaupt gefunden wurden. Speziell im Bereich der Biowissenschaften beschäftigen sich etliche Arbeitsgruppen mit genetischen oder medizinischen Themen, die auch ernährungsrelevant sind, die ihren Schwerpunkt aber nicht auf der ernährungsbezogenen Sichtweise des jeweiligen Gegenstandes haben. Die ohnehin umstrittenen Versuche zur Leistungsmessung über Publikationszählungen oder Zitationsvergleiche von Publikationen sind bei einer interdisziplinären Betrachtungsweise praktisch unmöglich. Die Wissenschaftler verschiedener Disziplinen publizieren in so unterschiedlichen Zeitschriften, dass Recherchen in Abhängigkeit von der Datenquelle so unterschiedlich ausfallen, dass ein fairer Vergleich nicht möglich ist. Während ingenieurwissenschaftlich orientierte Lebensmitteltechnologen oft in Zeitschriften veröffentlichen, die von biowissenschaftlich orientierten Datenbanken nicht abgedeckt werden, decken Datenbanken, die lebensmitteltechnologische Arbeiten erfassen, selten einen breiten Bereich der medizinischen, biowissenschaftlichen oder agrarwissenschaftlichen Literatur ab. In ihrem Fachgebiet führende und anerkannte Lebensmitteltechnologen tauchen deshalb in manchen biowissenschaftlichen Datenbanken nicht auf. Für ihre biowissenschaftlichen Kollegen gilt umgekehrt das Gleiche. Dies wurde anhand eigener Recherchen in den Datenbanken SCISearch, FROSTI, FSTA und BIOSIS überprüft. Eine Addition von Ergebnissen verschiedener Datenbanken ist häufig nicht bzw. nur mit unvertretbarem Aufwand möglich, da sich die Datenbanken teilweise in ihrer Abdeckung der wissenschaftlichen Literatur überschneiden. Zu einem ähnlichen Schluss kommt der Autor eines kürzlich erschienenen Zitationsvergleichs zum Thema Ernährungswissenschaften, bei dem relativ wenige Oekotrophologen unter den TOP 50 auftauchten, dafür umso mehr Forscher aus anderen Disziplinen[131], obwohl der Zitationsvergleich sich sogar explizit auf die Ernährungswissenschaft im engeren Sinne beschränkte.

4.2.2 Strukturwandel in den lebensmittelrelevanten Disziplinen

Alle Fächer im Bereich der lebensmittelrelevanten Wissenschaften unterliegen einem deutlichen Strukturwandel, der darauf zurückgeführt werden kann, dass die Biologie als Leitwissenschaft des 21. Jahrhunderts in den Einzeldisziplinen immer stärker an Bedeutung gewinnt[132]: Die Kenntnis des genetischen Codes von Nutzpflanzen, Nutztieren und genetischer Unterschiede in der Verstoffwechslung von Lebensmitteln gewinnt zunehmend an Bedeutung, sowohl bei der Züchtung effizienter oder schädlingsresistenter Sorten als auch bei der Entwicklung neuer Rohstoffbasen und der Gewinnung ernährungswissenschaftlicher Erkenntnisse auf molekularer Ebene. Ein sich aus dieser Gemengelage vollständig neu entwickelndes Gebiet ist die Nutrigenomik, die in der Region Berlin-Brandenburg besonders stark vertreten ist. Auch die klassischen Ingenieurwissenschaften im Bereich der Nacherntetechnik und der Lebensmitteltechnologie sind von dieser Entwicklung nicht unberührt. Zu den bisherigen Themen aus dem Bereich der Prozessführung und Produktverarbeitung tritt die ingenieurmäßige Beherrschung biologischer Eigenschaften und Funktionen hinzu.

Die Zukunft der Ernährungswissenschaft als Oekotrophologie im engeren Sinne wird von einer ganzen Reihe von Autoren äußerst kritisch betrachtet. Es wird allgemein ein Trend weg von der eher integrierenden Oekotrophologie konstatiert, der die einzelnen Wissenschaftler wieder stärker zu den Grundlagendisziplinen (von Physiologie und Medizin bis zur Soziologie) hinführt, unter anderem auch deshalb, weil sowohl das Image als auch die Impact-Faktoren der einschlägigen Fachzeitschriften höher sind. Barlösius[133] sieht gerade darin einen der Gründe für die geringe Identifizierung vieler Lehrstuhlinhaber mit der Disziplin Oekotrophologie. Der Trend vieler Forscher, sich in oekotrophologischen Fachbereichen stärker zu den Disziplinen hinzuwenden, aus denen sie ursprünglich stammen, und in den entsprechenden Zeitschriften zu publizieren, bedeutet allerdings keineswegs, dass weniger ernährungswissenschaftliche Forschung getrieben würde. Allerdings ist auch hier der Trend zur molekularen Ernährungswissenschaft zu Lasten klassischer ernährungswissenschaftlicher Fragen (wie Bromatologie, Hauswirtschaft oder Diät) klar zu erkennen. In mehreren Interviews wurde geäußert, dass die Oekotrophologie vor der Notwendigkeit steht, das Stigma ihrer Herkunft aus der höheren frauenberuflichen Ausbildung aus Haushalts- und Ernährungswissenschaften loszuwerden. Die DFG hat eine Fachgruppe zur Ernährungswissenschaft kürzlich wieder aufgelöst.

Die Agrarwissenschaften unterliegen dem Strukturwandel in besonderer Weise. Neben der Schwerpunktverlagerung zu biowissenschaftlichen Fragestellungen unterliegt auch die Agrarwirtschaft einem Strukturwandel, der Agrarpolitik immer stärker zur Europapolitik macht und wegen der sinkenden Zahl der Betriebe seit Mitte der achtziger Jahre bundesweit zu einem Sinken der Studentenzahlen führt[134]. Der vollständige Umbau des klassischen Agrarforschungsstandortes Weihenstephan, der mit einem „Memorandum zur Zukunft der Agrar- und Forstwissenschaften in Bayern"[132] von der Leitung der Technischen Universität München 1997 eingeleitet wurde und mittlerweile fast abgeschlossen ist, ist ein Beispiel für eine Reaktion auf diesen Strukturwandel. Am Standort Weihenstephan wurden mit dem Ziel, leistungsfähigere und wettbewerbsfähigere Strukturen zu erhalten, die Fakultäten Agrarwissenschaften der TUM und Forstwissenschaften der LMU zu einer Fakultät zusammengelegt, der auch die Biologie der TUM zugeschlagen wurde. In der Forschung wurden in Zusammenarbeit mit den ebenfalls dort ansässigen Landesanstalten und einem Fraunhofer Institut völlig neue Forschungsdepartements eingerichtet, die sich im Niveau an internationaler universitärer Spitzenforschung messen. Außerdem wurden Studienfakultäten errichtet, die die Ausbildungsgänge organisieren. Das Studienangebot am Standort wurde in Zusammenarbeit mit der ebenfalls renommierten Fachhochschule neu strukturiert. Durch diese Maßnahmen, die erhebliche Zusammenlegungspotenziale in den klassischen Grundlagenfächern (Chemie, Physik, Botanik u.a.) brachten, wurden Mittel mobilisiert, um moderne biowissenschaftlich oder medizinisch orientierte Fächer wie Ernährungsmedizin, Ernährungsphysiologie oder die Fachgebiete Biofunktionalität der Lebensmittel oder biomolekulare Lebensmitteltechnologie aufbauen und mit Spitzenforschern besetzen zu können.

Ein weiteres Beispiel einer erfolgreichen Strategie zur Bewältigung des Strukturwandels ist die Lebensmittelwissenschaft in den Niederlanden: Die Universitäten Wageningen und Maastricht haben durch stringente Ausrichtung auf die Bedürfnisse der Lebensmittelindustrie erreicht, dass sie heute sowohl einige der am besten mit Drittmitteln ausgestatteten Lebensmittelfakultäten Europas haben als auch in aktuellen Forschungsthemen wie der Nutrigenomforschung eine führende Rolle spielen.

4.1.3 Konkurrierende Wissenschaftsstandorte

Das Studium der Fächer Ernährungswissenschaften, Landwirtschaft und Lebensmitteltechnologie ist an einer ganzen Reihe von Standorten in Deutschland sowohl an Universitäten als auch an Fachhochschulen möglich. Studiengänge aus dem Bereich Landwirtschaft, Lebensmitteltechnologie, Ernährung, Forst, Gartenbau, Brauwesen und Haushaltswirtschaft werden an insgesamt 16 Universitäten angeboten, außerdem existieren 60 verschiedene FH-Studiengänge aus dem gleichen Fächerkanon. In Interviews mit Leitern wissenschaftlicher Einrichtungen in der Region wurden die Wissenschaften in Weihenstephan und Wageningen mehrfach als die wesentlichen Wettbewerber in Europa genannt. Gelegentlich wurde auch Hohenheim als starker Wettbewerber genannt, der vor allem durch die geschickte Neuorientierung auf internationale und tropische Landwirtschaft und Agrarpolitik an Profil gewonnen habe. Im Bereich der Lebensmitteltechnologie wurden gelegentlich die ETH Zürich, Karlsruhe sowie die FH Fulda genannt, im Bereich der Ernährungswissenschaften Gießen und Jena. Als regionaler Wettbewerber der Universitäten wurde vor allem bei industrienahen Themen und bei der Ausbildung sowohl von den befragten Universitätsprofessoren als auch in den Unternehmen die TFH Berlin benannt. Die FH Neubrandenburg, die sowohl Agrarwissenschaften als auch Lebensmitteltechnologie und die Hochschule Anhalt, die ebenfalls beides anbietet, wurden in keinem Fall als Wettbewerber genannt.

4.2 Wissenschaftliche Einrichtungen im Einzelnen

Ernährungsrelevante Themen werden in der Region in vier Universitäten, einem Universitätsklinikum mit mehreren Standorten, einer Fachhochschule, zwei Max-Planck-Instituten, drei Leibnitz-Instituten, zwei HGF-Zentren, zwei Bundesoberbehörden, Dienststellen dreier weiterer Bundesoberbehörden und einer Reihe weiterer Einrichtungen erforscht und gelehrt. Nicht zu den wissenschaftlichen Einrichtungen zählen die Fachschulen. Praktisch zu jedem Beruf der Lebensmittelverarbeitung existiert in der Region eine Fachschule, die meist von den Innungen oder Verbänden, gelegentlich auch völlig privatwirtschaftlich betrieben wird. Diese Fachschulen betreuen die Meisterausbildung, die Technikerausbildung und bieten Weiterbildungskurse an.

4.2.1 Universität Potsdam

Die Universität Potsdam hat ein ernährungswissenschaftliches Institut mit vier Lehrstühlen und weiteren sieben gemeinsam mit dem DIfE berufenen Professuren. Der Schwerpunkt des Instituts liegt auf biowissenschaftlichen, teilweise biomedizinischen Themen. Klassische Themen wie Diätetik oder Bromatologie spielen praktisch keine Rolle. Auch produktionsnahe Fragestellungen der Lebensmittelindustrie spielen nur eine geringe Rolle. Ernährungsrelevante Themen werden auch im Institut für Biologie und Biochemie bearbeitet, in dem etliche ernährungsrelevanter Themen vor allem an Pflanzen (z.B. Stärke) bearbeitet werden. Die Universität Potsdam ist außerdem die einzige Universität in der Region, die den Studiengang Ernährungswissenschaften anbietet, in den hier pro Jahr 35 Studenten aufgenommen werden. In Interviews innerhalb und außerhalb der Region wurde nicht nur die zeitgemäße und moderne Ausrichtung der Ernährungswissenschaften, sondern auch die gute Vernetzung mit Highlights der außeruniversitären Forschung wie dem DIfE und dem MPIMP hervorgehoben.

4.2.2 Technische Universität Berlin

Die Technische Universität Berlin bietet mit den Studiengängen Lebensmitteltechnologie und Lebensmittelchemie die Studiengänge an, die am nächsten an der betrieblichen Praxis der Lebensmittelindustrie orientiert sind. Die Forschung deckt praktische industrielle Fragen wie Verfahren zur Steuerung der Textur von Produkten ebenso ab wie die Entwicklung vollständig neuer Herstellungsverfahren für industrielle Anwendungen wie die Obst- und Gemüseverarbeitung mit Hochspannung und Hochdruck und die gezielte Entwicklung von Lebensmitteln mit neuen krankheits- oder gesundheitsbezogenen Funktionen oder anderen neuartigen Produktvorteilen (verbesserte Backeigenschaften, Zöliakietoxizität und Ähnliches). Durch die Praxisnähe ist die Technische Universität in die Netzwerke des Forschungskreises Ernährungsindustrie (FEI) innerhalb der AIF eingebunden. Die Lebensmitteltechnologie und -chemie der TU Berlin entstand 1993 nach der Fusion mit der Lebensmitteltechnologie der HU Berlin mit 17 Professuren. Sie sollte nach den

Empfehlungen des Wissenschaftsrates das Zentrum lebensmittelwissenschaftlicher Forschung in Deutschland werden. Einen Ausbau in der vom Wissenschaftsrat empfohlenen Größe betreibt die TU Berlin jedoch nicht mehr. Derzeit noch elf Professuren sollen langfristig auf fünf Professuren in der Lebensmitteltechnologie und –chemie reduziert werden. Die TU Berlin hat ihre Lebensmitteltechnologie neu positioniert und von der klassischen Produktorientierung (Milch, Getreide, Gemüse, Fleisch) auf eine Prozessorientierung (neue Verfahren) neu ausgerichtet. Das Institut arbeitet eng mit dem Institut für Biotechnologie zusammen, in dem auch das Fachgebiet Brauwesen und die Mikrobiologie der Lebensmittel vertreten sind. Forschungsschwerpunkte im Lebensmittelbereich sind die Lebensmittelbiotechnologie und –prozesstechnik, hier besonders der Einsatz von Enzymen in der Produktion, die Lebensmittelverfahrenstechnik und die Lebensmittelfunktionalität. Eine Professur der Lebensmittelchemie wurde gerade wiederberufen[135]. Ein Generationswechsel wird in den nächsten Jahren anstehen.

4.2.3   Humboldt-Universität Berlin

Die Landwirtschaftlich-Gärtnerische Fakultät der Humboldt-Universität (LGF) ist eine von zehn landwirtschaftlichen Fakultäten in Deutschland. Die Fakultät hat 33 Arbeitsgruppen in vier Instituten. Die Schwerpunkte der LGF liegen in den Bereichen Agrarökonomie, Agrarsoziologie und Agrarpolitik. Insbesondere für internationale und tropische Agrarwissenschaften ist sie bekannt. Für die Ausbildung künftiger landwirtschaftlicher Betriebsleiter ist sie die einzige Studienmöglichkeit in der Region Berlin-Brandenburg. Die Gartenbauwissenschaften werden auch an der TFH Berlin angeboten. Obwohl die Schwerpunkte der LGF nicht auf ernährungs- oder lebensmittelrelevanten Themen liegen, bietet sie doch das vollständige Angebot einer Landwirtschaftsfakultät im Bereich der Nutztier-, Nutzpflanzen- und Gartenbauwissenschaften sowie der Landtechnik an. Die Lebensmitteltechnolgie hat die HU 1993 an die TU abgegeben, die Veterinärwissenschaften an die FU. Durch die gemeinsame Besetzung von Professuren bestehen Verflechtungen mit einer Reihe außeruniversitärer Einrichtungen. Vor dem Hintergrund der Haushaltslage Berlins, die zu drastischen Einsparungen in den Universitäten zwingt, ist die LGF derzeit von der Schließung als eigenständige Fakultät bedroht[136], was zu geharnischten Protesten der Betroffenen[7] und der landwirtschaftlichen Interessensvertreter[138,139] geführt hat.

4.2.4   Freie Universität Berlin

Der Fachbereich Veterinärmedizin der Freien Universität unterhält mindestens neun lebensmittelbezogene Arbeitsgruppen in mehrerern Instituten. Im Vordergrund der lebensmittelbezogenen Themen steht das Institut für Lebensmittelhygiene. Hier werden nicht nur die Veterinäre ausgebildet, denen die amtliche Lebensmittelüberwachung obliegt; das Institut gilt auch als Autorität, die in Zweifelsfällen der Lebensmittelüberwachung eingeschaltet wird. Die Professoren des Instituts sind vielfältig tätig für DLG-Gremien, die Lebensmittelbuchkommission und eine Reihe weiterer Standards setzender Fachgremien. Das Institut ist darüber hinaus stark engagiert in der beruflichen Weiterbildung für Amtstierärzte. Aktuell bestehen Bestrebungen eine „School of Veterinary Public Health" für Weiterbildungsstudiengänge zu etablieren. Auch an der FU Berlin steht ein Generationswechsel in den lebensmittelrelevanten Wissenschaftsgebieten bevor. Neben den unmittelbar lebensmittelrelevanten Fächern ist an der FU auch die pharmazeutische Biologie vertreten.

4.2.5 Charité Universitätsmedizin Berlin

An den Berliner Universitätsklinika wird in erheblichem Umfang ernährungsrelevante Forschung betrieben. Mit ernährungsbedingten oder teilweise ernährungsbedingten Krankheiten befasst sich eine Reihe medizinischer Disziplinen. Besonders hervorzuheben ist selbstverständlich die Ernährungsmedizin. In dieser Disziplin ist auch eine gemeinsame Berufung der Charité Universitätsmedizin mit dem DIfE erfolgt. Stark vertreten sind ernährungsrelevante Fragestellungen auch in der Gastroenterologie[131], der Inneren Medizin und der Geriatrie.

4.2.6 Technische Fachhochschule Berlin

Die Technische Fachhochschule Berlin bietet im lebensmittelrelevanten Umfeld die Studiengänge Gartenbau, Lebensmitteltechnologie und Verpackungstechnik an. Die TFH legt Wert auf eine gute generalistische Ausbildung. Deshalb wird neben den Grundlagenfächern aus dem Bereich der Natur- und Ingenieurswissenschaften sowie der Betriebswirtschaft insbesondere Mikrobiologie stark gelehrt. Daneben bietet die TFH ein breites Angebot an produktorientierten Vorlesungen, teilweise mit Übungen zur Technologie spezieller Lebensmittel an. Sowohl die Professoren der TFH als auch die Möglichkeit, gemeinsam mit der TFH Diplomarbeiten zur Lösung konkreter betrieblicher Probleme anzubieten, hatten in Interviews in der Wirtschaft einen hohen Bekanntheitsgrad. Die Zusammenarbeit wurde mehrfach positiv erwähnt.

4.2.7 Andere Fachhochschulen

Andere Fachhochschulen in der Region bieten teilweise Studiengänge der Biotechnologie oder der Verfahrenstechnik an, haben aber keinen speziellen Ernährungsbezug. Die FH Eberswalde bietet das Studium der Forstwissenschaften an, das aber ebenfalls keinen Bezug zur Herstellung von Lebensmitteln hat. Außerhalb der Region, aber relativ nahe gelegen, bietet die FH Neubrandenburg Studiengänge der Agrarwissenschaften und der Lebensmitteltechnologie an. Die Hochschule Anhalt bietet Lebensmitteltechnologie in Köthen und Landwirtschaft in Bernburg an. Beide Fachhochschulen wurden in Interviews weder von der Wirtschaft noch von der Wissenschaft als regionaler Wettbewerber benannt.

4.2.8 Deutsches Institut für Ernährungsforschung Potsdam-Rehbrücke (DIfE)

Das Deutsche Institut für Ernährungsforschung in Potsdam-Rehbrücke ist das Flaggschiff der Ernährungsforschung nicht nur in der Region Berlin-Brandenburg. 250 Mitarbeiter bearbeiten vorwiegend biowissenschaftliche Themen aus der Ernährungsforschung mit dem Ziel, die molekularen Ursachen ernährungsbedingter Krankheiten zu finden. Das Institut konzentriert sich hierbei insbesondere auf Krankheiten wie Adipositas, Diabetes und Krebs. Vor allem das metabolische Syndrom mit Adipositas, Hypertonie, Cholesterinstoffwechselstörungen und Insulinresistenz steht im Mittelpunkt der Tätigkeit gleich mehrerer Abteilungen. Das DIfE hat neben biowissenschaftlichen Standard- und High-Tech-Methoden umfangreiche Einrichtungen zu Geruchs- und Geschmackssensorik, zur Messung von Energieumsätzen am Menschen, zur Messung verschiedener Stoffwechselfunktionen und zur Messung der stofflichen Körperzusammensetzung. Auch Arbeiten aus dem Bereich der Spurenelemente und Vitamine, der Ballaststoffe, dem Stoffwechsel und der Funktionalität von Polyphenolen und eine Reihe weiterer aktueller Themen der molekularen Ernährungsforschung werden bearbeitet[140]. Darüber hinaus ist das DIfE einer der wichtigen Knotenpunkte des regionalen Netzwerks zur Nutrigenomforschung, dem Verein zur Förderung der Nutrigenomik und beherbergt die Geschäftsstelle des vom BMB+F geförderten BioProfils Nutrigenomik.

In Interviews mit Wissenschaftlern außerhalb der Region wurde das DIfE mehrfach als eines der Highlights der Region Berlin-Brandenburg erwähnt. Es wird als starker wissenschaftlicher Wettbewerber wahrgenommen. In der regionalen Wirtschaft ist das DIfE allerdings weniger bekannt als die ingenieurwissenschaftlich ausgerichteten Hochschulen TU und TFH, es wurde auch weniger als möglicher Kooperationspartner für gemeinsame FuE-Projekte wahrgenommen.

Das Institut wurde 1998 zum letzten Mal vom Wissenschaftsrat evaluiert, der folgende Aussage veröffentlicht hat: „Das Deutsche Institut für Ernährungsforschung (DIfE) in Potsdam-Rehbrücke hat die Aufgabe, in interdisziplinärer Zusammenarbeit zwischen experimenteller und klinischer Forschung Wirkungszusammenhänge zwischen Ernährung und Funktion des Organismus bis hin zu molekularen Regulationsmechanismen zu erforschen. Auf diesem Gebiet leistet das Institut einen wichtigen und anerkannten Beitrag; es hat dabei ein klares wissenschaftliches Profil entwickelt. Insbesondere die Verbindung von naturwissenschaftlicher Grundlagenforschung, Epidemiologie und Ernährungsberatung ist im nationalen Rahmen singulär und bietet ausgezeichnete Voraussetzungen für vielfältige internationale Kooperationen. Der Wissenschaftsrat empfiehlt deshalb die Weiterförderung des DIfE als Forschungseinrichtung der Blauen Liste."[141]

4.2.9 Institut für Agrartechnik Bornim (ATB)

Ziel des Instituts ist es, technische Lösungen zur nachhaltigen Landbewirtschaftung und für die Industrie bereitzustellen. Als unmittelbar lebensmittelrelevante Themen sind im ATB die Ernte-, Nachernte und Lagereitechnologien verderblicher Produkte hervorzuheben. Insbesondere die Entwicklung innovativer Sensorik, sowohl für die Landbearbeitung als auch für die Sortierung von Obst, Gemüse und Hackfrüchten nach Eigenschaften, die deutlich über die Handelsklassensortierung hinaus bis zur Sortierung nach Reife und Inhaltsstoffen gehen, als auch von Sensorik für die Lagerei - beispielsweise zur frühzeitigen Schimmelerkennung - sind ebenso Highlights mit Lebensmittelbezug wie die aus solchen Bauteilen entwickelten optoelektronischen Kartoffelsortiermaschinen, Kartoffelschälmaschinen, Fruchtreifesensoren und andere Maschinerie.

Im Institut werden neben der Sensorik noch einige weitere Themen mit Lebensmittelbezug bearbeitet, insbesondere Nacherntetechnologien mit Einfluss auf die Lebensmittelqualität und –sicherheit wie Waschtechniken für Agrarprodukte. Weitere Themen des Instituts sind nachwachsende Rohstoffe, Tierhaltung, Behandlung von Reststoffen und Abwässern sowie Technikbewertungen. Auch das ATB wurde in Interviews mehrfach als eines der Highlights der Region bezeichnet. Das Institut verfügt über eine Reihe von Industriekooperationen, allerdings nicht mit besonderem Regionalbezug. Im ATB stehen verschiedene Pilotanlagen zur Umsetzung der Forschungsergebnisse in industrielle Maßstäbe zur Verfügung, so ein Biotechnikum, verschiedene Nachernteanlagen, Faseraufschlussanlagen und Anbauflächen. Das ATB beschäftigt 160 Mitarbeiter.

Das Institut wurde zuletzt 1999 positiv vom Wissenschaftsrat evaluiert, der folgende Aussage veröffentlicht hat: „Das Institut für Agrartechnik Bornim e.V. (ATB), Potsdam-Bornim, ist eine wissenschaftliche Einrichtung zur grundlagenorientierten Forschung in allen Bereichen der Agrartechnik. Mit seinen Forschungsarbeiten reagiert das Institut sowohl auf aktuelle wissenschaftliche Fragestellungen als auch auf den praktischen Beratungs- und Unterstützungsbedarf aus Industrie und Landwirtschaft. Insbesondere die vorgesehene Verbindung von Ingenieur- und Naturwissenschaften mit wirtschafts- und sozialwissenschaftlichen Fragestellungen sollte nach Auffassung des Wissenschaftsrates weiter verfolgt werden."[143]

4.2.10 Institut für Gemüse- und Zierpflanzenbau Großbeeren-Erfurt (IGZ)

Ziel der Arbeiten des Instituts ist die Kombination von Erkenntnissen aus den Bereichen Modellierung, Pflanzenvermehrung, Pflanzenqualität, Pflanzengesundheit und Pflanzenernährung. Diese interdisziplinäre Forschung in verschiedenen Bereichen soll es ermöglichen, Probleme zu lösen, die für Verbraucher und Produzenten von praktischem Interesse sind. Das IGZ geht mit 75 Mitarbeitern am Standort Großbeeren wissenschaftlichen Fragestellungen nach, die für die Herstellung gesunder Nahrungsmittel in umweltfreundlichen Betrieben und die ausreichende Ernährung der Weltbevölkerung von Bedeutung sind. Das Institut ist stark in nationalen und internationalen Forschungskooperationen engagiert. Das Institut verfügt neben analytischen Einrichtungen über umfangreiche Versuchsflächen im Freiland und unter Glas, auf denen Anbau- und Vermehrungstechniken erprobt werden können. Außerdem betreibt das Institut zwei externe Versuchsstationen. Direkt neben dem Institut befindet sich die Lehranstalt für Gartenbau und Floristik, mit der das Institut innerhalb des Kompetenzzentrums Gartenbau kooperiert, zu dem auch die HU, die TFH, das ATB, ein Anbauverband, das LVL und ein Beratungsunternehmen gehören.

Das Institut wurde 2001 vom Wissenschaftsrat evaluiert, der zu folgendem Resultat gelangt ist: „Das Institut für Gemüse- und Zierpflanzenbau hat sich zu einem Kompetenzzentrum auf seinem Forschungsgebiet entwickelt und ergänzt die an den Universitäten durchgeführte Forschung. Die Arbeit des Instituts ist von überregionaler Bedeutung und gesamtstaatlichem wissenschaftspolitischem Interesse. Die Integration in eine Hochschule wird nicht empfohlen, da ein Großteil der Forschungsprojekte langfristig angelegt und gerätetechnisch aufwendig gestaltet ist und eine agrarwissenschaftliche Fakultät mit diesen Themen zu einseitig ausgerichtet würde. Der Wissenschaftsrat empfiehlt die Weiterförderung des Instituts für Gemüse- und Zierpflanzenbau als Forschungseinrichtung der Blauen Liste."[143]

4.2.11 Weitere WGL-Institute

Weitere Institute in der Region, die der WGL angehören, sich aber nur am Rande mit Themen befassen, die im Zusammenhang mit der Erzeugung oder Verarbeitung von Lebensmitteln relevant sind, sind

- das Zentrum für Agrarlandschafts- und Landnutzungsforschung (ZALF) in Müncheberg,
- das Institut für Gewässerökologie und Binnenfischerei (IGB) in Berlin-Friedrichshagen und
- das Forschungsinstitut für Molekulare Pharmakologie (FMP) in Berlin-Buch.

4.2.12 Max-Planck-Institut für Molekulare Pflanzenphysiologie Golm (MPIMP)

Das Institut auf dem Campus Golm beschäftigt sich mit der Untersuchung der Prozesse der Biosynthese, der Verteilung und des Transports sowie der Speicherung niedermolekularer Substanzen und hochmolekularer Inhaltsstoffe mit Speicher-, Signal- oder Strukturfunktion. Ziel ist der Aufbau einer systemorientierten Biochemie und Physiologie der Pflanzen unter Anwendung und Fortentwicklung moderner, an der lebenden Pflanze anzuwendender physikalisch- und biochemisch-analytischer Methoden zur Beantwortung pflanzenspezifischer Fragestellungen. Zwei von drei geplanten Abteilungen und zwei selbständige Nachwuchsgruppen sind etabliert.

Das Institut ist eng mit Forschergruppen der Universität Potsdam verflochten. Themen sind Synthese- und Speichervorgänge von Kohlenhydraten, Ionenaufnahme über Wurzelhaare, Entwicklung von Messmethoden, funktionelle Genomanalyse mittels Expressions- und Metabolitenprofiling, Untersuchungen zu komplexen metabolischen Netzwerken, Stickstoffakquisition in Pflanzen, Nitrat- und Ammoniumtransporter und Zellwandpolysaccharide. Die hier geleisteten Arbeiten tragen sowohl zum detaillierten molekularen Verständnis der Vorgänge in Pflanzen als auch zur Entwicklung neuer oder verbesserter Nutzpflanzen bei. Das MPIMP ist einer der Schrittmacher der grünen Biotechnologie in der Region und engagiert sich in ernährungsrelevanten Netzwerken ebenso wie in Kooperationen mit Biotech- bzw. Agrobiotech-Unternehmen.

4.2.13 Weitere Max-Planck-Institute

In drei weiteren biowissenschaftlichen Max-Planck-Instituten werden ernährungsrelevante Themen bearbeitet, allerdings ohne dass der Ernährungs- oder Lebensmittelbezug dabei im Mittelpunkt der Institutsaktivitäten steht:

- Im MPI für Infektionsbiologie in Berlin (MPIIB) gehört sowohl der gastroenterologisch wichtige Helicobacter pylori zu den wichtigen Forschungsgebieten des Instituts als auch Shigellen, Salmonellen und andere enteropathogene Erreger. Es werden präventive und therapeutische Maßnahmen gegen diese Erreger entwickelt.
- Im MPI für Molekulare Genetik (MPIMG) gehören teilweise ernährungsbedingte Krankheiten zu den Themen, die im Rahmen der Erforschung von Vertebratengenomen und der Humangenetik bearbeitet werden.
- Das MPI für Kolloid- und Grenzflächenforschung bearbeitet lebensmittelrelevante Themen ebenfalls bestenfalls am Rande. Das Institut ist Mitglied im Netzwerk Nutrigenomforschung.

4.2.14 Produktionstechnisches Zentrum Berlin (PTZ)

Das Produktionstechnische Zentrum ist ein Doppelinstitut, bestehend aus dem Institut für Werkzeugmaschinen und Fabrikbetrieb der Technischen Universität Berlin (IWF) und dem Fraunhofer Institut für Produktionsanlagen und Konstruktionstechnik (IPK). Beide Institute sind eng verflochten. Die Professuren werden teilweise in Personalunion geführt. Auf einem Arbeitsraum von 15.000 m², wovon allein das zentrale Versuchsfeld 3.900 m² misst, stehen Maschinen, Computer und Softwaresysteme zur Verfügung. Obgleich der Schwerpunkt des Instituts auf Werkzeugmaschinen, Betriebsführung und Robotik liegt, und die Anwendungsschwerpunkte eher bei den Technologiefeldern Sicherheits-, Verkehrs- und Medizintechnik liegen, ist das Institut bei Werksleitern in der Lebensmittelindustrie der Region gut bekannt und hat auch für einige Lebensmittelhersteller bereits praktische Probleme zu deren Zufriedenheit gelöst. Die bearbeiteten Themen sind so vielfältig wie das Gebiet der Herstellungstechnik und reichen von der Optimierung von Abfüllanlagen bis zum Greifen und Verpacken von Schokoladeprodukten. Als Fraunhofer Institut ist das PTZ geübt in der Abwicklung von Auftragsforschung. Der hohe Bekanntheitsgrad des PTZ und sein guter Ruf lassen eine Vernetzung durch Dritte überflüssig erscheinen.

4.2.15 Max-Delbrück-Centrum für Molekulare Medizin Berlin (MDC)

Das MDC ist ein Großforschungszentrum für Molekulare Medizin. Es ist nicht speziell auf ernährungsbedingte Krankheiten ausgerichtet. Da die Erforschung von Herz- und Gefäßerkrankungen und von Stoffwechselkrankheiten allerdings ausdrücklich zu den Forschungsgebieten des MDC gehört, bestehen vielfältige Überschneidungen und Kooperationen in diesem wichtigen Bereich von zumindest teilweise ernährungsbedingten Krankheiten. Das MDC ist auch Mitglied in einer Reihe regionaler Netzwerke und gehört zu den Schrittmachern der Regionalentwicklung im Berliner Nordosten. Industriekooperationen mit der Lebensmittelindustrie wurden in keinem Interview erwähnt. Das MDC kooperiert allerdings mit einigen Biotechnologieunternehmen.

4.2.16 Hahn-Meitner-Institut Berlin

Das Hahn-Meitner-Institut als weitere Berliner Großforschungseinrichtung hat keine ernährungswissenschaftliche Ausrichtung. Es unterhält jedoch eine Abteilung Spurenelemente mit starker analytischer Ausrichtung, die einige ernährungsrelevante Themen bearbeitet.

4.2.17 Bundeseinrichtungen und Bundesbehörden

Zum Bereich der Ressortforschung des Bundesministeriums für Verbraucherschutz, Ernährung und Landwirtschaft (BMVEL) gehört neben den oben genannten Instituten der WGL (ATB, ZALF, IGZ) auch die Biologische Bundesanstalt für Land- und Forstwirtschaft, Braunschweig, die eine Außenstelle in Berlin unterhält, außerdem das Bundesinstitut für Risikobewertung (BfR) und das Bundesamt für Verbraucherschutz und Lebensmittelsicherheit, Bonn, das eine Außenstelle in Berlin unterhält.

Die zum Geschäftsbereich des Bundesgesundheitsministeriums gehörenden Einrichtungen wurden Ende der neunziger Jahre nach wenig schmeichelhaften Begutachtungen durch den Wissenschaftsrat umstrukturiert. Von diesen Einrichtungen ist das in Berlin ansässige Bundesamt für gesundheitlichen Verbraucherschutz und Veterinärmedizin als BfR mit neu ausgerichtetem Aufgabenfeld an das BVEL übergegangen. Das Robert-Koch-Institut (RKI) ist, neu strukturiert, weiterhin in Berlin.

An lebensmittelrelevanten Themen bearbeitet das RKI einige Infektionskrankheiten, die durch Lebensmittel übertragen werden können. Vor allem aber ist das RKI die Genehmigungsbehörde für Freisetzungen von genetisch veränderten Organismen (GMO), was vor allem den Bereich der durch die grüne Gentechnik erzeugten neuen Nutzpflanzen betrifft. Darüber hinaus ist das RKI auch zuständig für Novel Food, das GMO enthält. Das RKI wurde weder in Interviews in der Wissenschaft, geschweige denn in Unternehmen als wissenschaftlicher Kooperationspartner genannt. Das Institut ist allerdings ein interessanter Auftraggeber für Auftragsforschung und Gutachten.

Das BfR erstellt Gutachten und Analysen von Lebensmitteln. Es ist auch für Novel Food zuständig, das keine GMO enthält. An den Standorten in Berlin-Marienfelde und Berlin-Dahlem werden auch Lebensmittel und Bedarfsgegenstände untersucht und bewertet, für deren Genehmigung andere Einrichtungen zuständig sind, z.B. Dietätika, Säuglingsnahrung und Nahrungsergänzungsmittel. Das BfR wurde weder in Interviews in der Wissenschaft, geschweige denn in Unternehmen als wissenschaftlicher Kooperationspartner genannt. Das Institut ist allerdings ein interessanter Auftraggeber für wissenschaftliche Dienstleistungen. Die räumliche Nähe von RKI und BfR als Genehmigungsbehörden wurde von keinem der Interviewten als besonderer Vorteil empfunden.

Die Bundesforschungsanstalt für Viruskrankheiten der Tiere unterhält eine Dienststelle in Wusterhausen. Dort werden vor allem epidemiologische Arbeiten durchgeführt. Ein unmittelbarer Lebensmittelbezug besteht nicht.

4.2.18 Ländereinrichtungen, privatwirtschaftliche Forschungseinrichtungen und Forschungsunternehmen

Das **Institut für Getreideverarbeitung (IGV)** in Potsdam-Rehbrücke ist ein Unternehmen, das angewandte Probleme der Backwarenindustrie im direkten Industrieauftrag ebenso bearbeitet wie Querschnittsthemen der industriellen Gemeinschaftsforschung im Bereich der Getreideverarbeitung. Das IGV hat eine ähnliche Größe und Kompetenz wie die öffentlichen außeruniversitären Forschungsinstitute, unterscheidet sich von diesen aber dadurch, dass es neben Technologieentwicklungen auch Leistungen bis hin zur Anlagenprojektierung und Anlagenerstellung mit anbietet und seine Leistungen insgesamt auf industrielle Bedürfnisse ausgerichtet hat. Neben lebensmittelrelevanten Fragen werden auch Fragen nachwachsender Rohstoffe bearbeitet. Das Institut ist Mitglied des Forschungskreises der Ernährungsindustrie. Neben der Bearbeitung von Themen aus dem Bereich der Getreideverarbeitung ist die Herstellung essbarer Algen wie Spirulina und die Entwicklung von Produkten, Lebensmitteln und Kosmetika aus diesen Algen ein weiteres Standbein des Instituts. Auch Backwaren mit Funktionalitäten, vor allem im Bereich der Ballaststoffe, werden entwickelt. Das IGV verfügt über ein akkreditiertes Labor, ein Technikum und eine Reihe weiterer Serviceeinrichtungen und stellt eine Reihe eigener Produkte und Rezepturen aus Roggen und Spirulina her.

Das **Institut für Agrar- und Stadtökologische Projekte (IASP)** ist ein Aninstitut der Humboldt-Universität, das neben angewandten ökologischen Projekten aus dem Bereich der Landwirtschaft und Projekten auf dem Gebiet der Logistik und des Recycling auch Projekte aus dem Bereich der Lebensmittelindustrie bearbeitet. Es werden vor allem Fragen der Nutztiergesundheit, der Hygiene und der Verfahrensentwicklung aus den Bereichen Milchprodukte und Fleischverarbeitung sowie der ökologischen Verwertung von Ab- und Beiprodukten bearbeitet. Das Insitut ist Konsortialführer des vom BMWA geförderten Tresternetzes und führt auch umfangreiche Standortanalysen für mögliche Ansiedlungen im Bereich der Lebensmittelindustrie durch.

Das **Wissenschaftszentrum für Sozialforschung Berlin (WZB)** bearbeitet als Institution keine lebensmittelrelevanten Themen. Im WZB existiert jedoch eine Forschungsgruppe, die Ernährungssoziologie betreibt und mit diesem Thema von überregionaler Bedeutung ist. Weitere sozial- oder kulturwissenschaftliche Ernährungsforschung wurden in der Region nicht gefunden. Obwohl diese Disziplinen für die nichttechnische Produktentwicklung der Lebensmittelindustrie von erheblicher Bedeutung sind, ist das Thema in der Region schwach besetzt.

Die beiden Großkonzerne, die in Deutschland im Bereich der Agrobiotechnologie tätig sind, sind auch in der Region aktiv. Die zu Bayer Crop Science gehörende **PlantTec Biotechnologie GmbH** entwickelt neuartige bzw. verbesserte Nutzpflanzen, wobei man sich vorrangig auf stärkehaltige Pflanzen konzentriert, die Stärken mit Eigenschaften nach Maß oder in anderen als den üblichen Mengen enthalten. Zielgruppe der Entwicklungen ist auch, aber nicht nur, die Lebensmittelindustrie. Die zur BASF Plant Science gehörende **Metanomics** GmbH & Co. KGaA ist auf dem Gebiet des metabolischen Charakterisierung von Pflanzen tätig. Die metabolische Charakterisierung erfolgt sowohl über das Genom als auch über die Analyse der Metaboliten und dient vorrangig dazu, nutzbare Unterschiede im Stoffwechsel, auch dem Sekundärstoffwechsel, von Pflanzen zu erkennen.

Auf dem Gelände der Pektinfabrik in Werder sitzen weitere Unternehmen, die FuE für andere Lebensmittelunternehmen betreiben: **Herbafood Ingredients GmbH** entwickelt Ballaststoffe als Zutaten für die Backwarenindustrie einschließlich der Rezepturen, die zur Backfähigkeit erforderlich sind. Condio GmbH entwickelt neben Stabilisatoren und Zusatzstoffen Rezepturen und Verfahren für Lebensmittelhersteller aus einer Reihe verschiedener Branchen der Lebensmittelindustrie.

Der Berliner **Betrieb für Zentrale Gesundheitliche Aufgaben** bietet eine Reihe von Querschnittsdienstleistungen des Verbraucherschutzes und der Gesundheit an. Unter anderem betreibt er den Giftnotruf und das Tropeninstitut. Das Institut für Lebensmittel, Arzneimittel und Tierseuchen führt Untersuchungen an Lebensmitteln und Bedarfsgegenständen durch und hat 160 Mitarbeiter, davon 50 wissenschaftliche Mitarbeiter. Es ist als Prüflabor akkreditiert, das auch für die Privatwirtschaft tätig wird, wenn keine Überschneidungen mit amtlichen Aufgaben bestehen.

Ähnlichen Aufgaben geht das **Brandenburger Landeslabor** in Frankfurt/Oder nach, in dem mit 375 Mitarbeitern an neun Standorten die Laborbereiche mehrerer Brandenburger Behörden konzentriert sind, und das externen Auftraggebern ebenfalls offen steht.

Das **Länderinstitut für Bienenkunde** in Hohen-Neuendorf ist eine renommierte Einrichtung der Honigforschung, die Honigprüfungen anbietet, Verfahren der Honigproduktion entwickelt und an der Erforschung der Varoa-Milbe arbeitet.

Das **Institut für Binnenfischerei** in Potsdam-Sacrow bearbeitet keine Lebensmittelthemen außer der Süßwasser-Fischzucht.

Die **Milchwirtschaftliche Lehr- und Untersuchungsanstalt (MLUA)** in Oranienburg ist eine überbetriebliche Ausbildungsstätte der Milchverarbeitung, die über eine hochintegrierte Mustermolkerei verfügt und Milch- bzw. Milchproduktuntersuchungen für Externe anbietet.

Das **Institut für die Fortpflanzung landwirtschaftlicher Nutztiere** in Schönow bearbeitet mit der Besamung und In-vitro-Fertilisation von Nutztieren ebenso wenig unmittelbar lebensmittelrelevante Themen wie die **Landwirtschaftliche Versuchsanstalt** Ruhlsdorf/Groß-Kreutz.

Das **Institut für Veterinärpharmakologie und Toxikologie** Bernau ist nicht nur ein akkreditiertes Lebensmittelprüflabor, sondern auch eine GLP-zertifizierte Prüfeinrichtung für pharmakologische und toxikologische Prüfungen von Tierarzneimitteln, die besonders auf die Rückstandsanalytik von Tierarzneimitteln in Lebensmitteln oder in anderen Gliedern ökotoxikologischen Ketten spezialisiert ist.

Die **Congen Biotechnologie GmbH** ist ein Unternehmen, das sich auf die Analytik von GMO, auf Tierartennachweise, Allergennachweise und Pathogennachweise spezialisiert hat. Die PCR-basierenden Methoden werden sowohl als Kit, als auch als Dienstleistung vertrieben. Anwender kommen aus allen Bereichen der Lebensmittelindustrie. Die Congen ist außerdem akkreditiertes Prüflabor.

Die **AnalytiCon Discovery GmbH** in Potsdam ist ein Unternehmen mit vorwiegend medizinalchemischer Kompetenz, das nicht lebensmittelorientiert forscht. Das Unternehmen hat jedoch eine besondere Kompetenz in der Auffindung und Charakterisierung sekundärer Pflanzenstoffwechselprodukte, die außer als Medikamente auch als Zutaten für Functional-Food-Produkte interessant werden könnten.

Eine Reihe weiterer akkreditierter Labors für alle Arten der Lebensmittelprüfung und Lebensmittelanalytik existieren in der Region, auch zugelassene Öko-Zertifizierer, IFS-Zertifizierer und andere Zertifizierungsunternehmen. Da diese allerdings Dienstleistungen ohne speziellen Forschungscharakter mit eigener spezifischer Themenkompetenz anbieten, sind sie hier nicht gesondert erwähnt.

4.3   Bewertung

4.3.1   Stärken

Die Forschungslandschaft - universitäre wie außeruniversitäre Einrichtungen - hat in Potsdam mit der Deutschen Einheit die Chance zur Generalerneuerung bzw. zum Neuanfang gehabt und genutzt. Die Potsdamer Forschungslandschaft einschließlich Nuthetal, Großbeeren, Golm und Werder hat aktuelle Themen vor allem biowissenschaftlicher Ausrichtung besetzt und wird außerhalb der Region als sehr starker Wettbewerber wahrgenommen. Die Stärke des Potsdamer Forschungsumfeldes liegt in biowissenschaftlich-medizinisch orientierten Themen wie Nutrigenomforschung, molekulare Ernährungswissenschaften, Ernährungsmedizin und -toxikologie sowie Genomforschung und Forschung an Stärken und Ballaststoffen. Die Erforschung von nahezu sämtlichen Fragestellungen rund um die Pflanze, von Funktionen auf der molekularen Ebene bis hin zu Fragen rund um Anbau, Ernte-, und Nacherntetechnik gehören zum Repertoire der Forschungslandschaft um Potsdam. Die letztgenannten Themen werden ergänzt durch weitere stark etablierte landwirtschaftsnahe Themen wie Pflanzenvermehrung, Precision Farming, nachwachsende Rohstoffe, Verwertung und Entsorgung von Ab- und Beiprodukten aus Landwirtschaft und Lebensmittelindustrie.

Etliche Forschungsnetzwerke wie Nutrigenomforschung und ProSenso.Net und Innovationsnetzwerke wie das Kompetenzzentrum Gartenbau und das Tresternetz sind etabliert. Diese sind in der Lage, Projekte zu organisieren und zu bearbeiten, die einzelne Player vermutlich überfordern würden. In allen genannten Themen ist die Forschung der Region nach eigener Einschätzung wie nach Einschätzung interviewter Personen von außerhalb der Region international wettbewerbsfähig. Lebensmittel- und ernährungsrelevante Themen aus dem biowissenschaftlich-medizinischen Bereich und rund um die Pflanze sind jedoch vereinzelt auch in Berliner Einrichtungen vertreten, insgesamt liegt jedoch der regionale Schwerpunkt dieser Themen in Potsdam und einigen Randgemeinden.

Verarbeitungsnahe Forschungsthemen, die näher an der betrieblichen Praxis der Lebensmittelindustrie liegen, sind in der Potsdamer Region im Wesentlichen nur mit dem anwendungsnah positionierten IGV und einigen Unternehmen vertreten. Diese Themen sind in Berlin stärker vertreten. Die wesentlichen Einrichtungen sind hier die lebensmitteltechnologischen Fachbereiche von TU und TFH, die Lebensmittelhygiene der FU und das IASP. Die zu diesen Fächern zugehörigen Wissenschaftler, vor allem von TU und FU, werden bei Interviews außerhalb der Region ebenfalls als starke Wettbewerber angesehen. In beiden Einrichtungen weisen die Wissenschaftler selbst allerdings auf den anstehenden Generationswechsel hin, von dessen erfolgreicher Bewältigung im Wesentlichen die Entwicklung der nächsten Jahre abhängen wird. Der Schwerpunkt der Berliner lebensmittelrelevanten Kompetenz liegt eindeutig auf ingenieur- und veterinärwissenschaftlichen Themen der industriellen Lebensmittelverarbeitung.

Berlin und Potsdam haben also sich deutlich voneinander unterscheidende Stärkenprofile herausgebildet. Da beide in ihren jeweiligen Gebieten von außen als starke Wettbewerber empfunden werden, kann dies als Erfolg angesehen werden.

4.3.2 Schwächen

Eine Schwäche der Wissenschaftslandschaft um Potsdam ist ihre relativ geringe Vernetzung mit der regionalen Wirtschaft. Dies ist zum Teil darauf zurückzuführen, dass die Themen in Wissenschaft und Wirtschaft gerade vor dem Hintergrund der biowissenschaftlichen Ausrichtung der Wissenschaft und der kleinteiligen Struktur der Wirtschaft oft zu unterschiedlich für eine gemeinsame Bearbeitung sind. Ein weiterer Grund ist aber auch die mangelnde Bekanntheit der Einrichtungen in der Wirtschaft der Region. Dies ist beim DIfE und beim MPIMP naturgemäß stärker ausgeprägt als beim IGZ und beim ATB, die anwendungsnähere Themen bearbeiten.

Eine Schwäche der Berliner lebensmittelrelevanten Wissensnschaft ist ihre geringe Wahnehmbarkeit für Außenstehende. Obwohl die Industrievernetzung der Einrichtungen TU, FU und TFH besser ist als in Potsdam, was wahrscheinlich an der Industrierelevanz der bearbeiteten Themen liegt, sind die Einrichtungen den befragten Unternehmen eher auf Grund des Engagements einzelner Professoren bekannt als auf Grund systematischer Marketingaktivitäten. Auch untereinander sind die betreffenden Hochschulen nur gering vernetzt.

Die zentrale Schwäche der lebensmittel- und ernährungsrelevanten Wissenschaft der Gesamtregion besteht in ihrer mangelnden Außenwirkung. Ein gemeinsamer Auftritt aller Einrichtungen als Kompetenzträger in Sachen lebensmittel- und ernährungsrelevanter Forschung gegenüber der Industrie und der Öffentlichkeit wurde bisher nicht entwickelt. Gezielte Marketingaktivitäten sind in den Einzeleinrichtungen nur teilweise zu erkennen, ein gemeinsames Marketing des Forschungsstandorts Ernährung und Lebensmittel findet nicht statt. In der Außenwirkung liegt die Region hinter Wettbewerbern wie Weihenstephan oder Wageningen zurück. Obwohl die wissenschaftliche Qualität und das bei Interviews angetroffene Maß an echter innerer Vernetztheit an diesen Standorten nicht höher ist als das der Region Berlin-Brandenburg, stellen sich diese Standorte besser dar. Ansprechpartner sind für Außenstehende deshalb leichter auffindbar und der Ruf der Standorte dringt weiter ins Bewusstsein von Politik, Öffentlichkeit und Industrie.

Tabelle 7

Stärken und Schwächen des Forschungsstandorts

	Stärken	Schwächen
Potsdam	International konkurrenzfähiger Standort mit biowissenschaftlich-medizinischem Schwerpunkt der lebensmittelrelevanten Themen Biowissenschaftliche Themen werden ergänzt durch wissenschaftliche Kompetenz im Anbau, der Vermehrung und der Ernte- und Nacherntetechnik sowie der Verwertung von Stoffen aus Landwirtschaft und Lebensmittelindustrie Kompetenz rund um die Pflanze von Anbau bis zur Ernte und von der Genetik bis zum Stoffwechsel	Relativ geringe Vernetzung mit der regionalen Wirtschaft
Berlin	Verarbeitungsnahe Themen sind mit Spitzenniveau rund um die Lebensmitteltechnologie und die Lebensmittelhygiene vertreten Praxisnaher Fokus in TU, FU und TFH	Relativ geringe Vernetzung der Hochschulen
beide	Erste Ansätze von Netzwerkbildung zu verschiedenen Themen Gemeinsam hat die Region das größte Studienangebot aller deutschen Standorte Gemeinsam ist die Region der herausragende Standort in Deutschland	Zu wenig Außenwirkung mangels gemeinsamen Auftritts aller Akteure Keinerlei gezielte Marketingaktivitäten des Standorts Marketingaktivitäten der Einzelkompetenzträger ebenfalls wenig gezielt

5 Vernetzungspotenzial zwischen Wissenschaft und Wirtschaft

Wegen der nur in wenigen Punkten deckungsgleichen Stärken in Wissenschaft und Wirtschaft eigenen sich nur wenige Themen für die Bildung regionaler Netzwerke. Eine Reihe der Kernkompetenzen der Wissenschaft kann vermutlich mangels industriellen Interesses in der Region nur überregional vermarktet werden.

5.1 Regionales Vernetzungspotenzial

Eine regionale Vernetzung zwischen Wissenschaft und Wirtschaft erscheint dort sinnvoll, wo bereits ein Potenzial in Wissenschaft und Wirtschaft vorhanden ist, das die Chance bietet, die Region zu einem Kompetenzzentrum werden zu lassen, das von außen als solches wahrgenommen wird. Dazu muss eine Vernetzung der Wissenschaft Chancen bieten, bei anwendungsorientierten Themen durch die Kooperation mit den Anwendern an vorderster Linie zu stehen und dadurch auch Drittmittel für die Forschung einzuwerben. Für die Wirtschaft muss die Kooperation die Chance bieten, die eigene Wettbewerbsfähigkeit zu steigern, indem ein Innovationsvorsprung erreicht wird.

Auf Grund des spezifischen Innovationsverhaltens der Lebensmittelindustrie und der Struktur der Lebensmittelhersteller der Region ist die Auswahl der Themen begrenzt. Für praktisch alle Unternehmen sind kostensenkende Innovationsthemen aus der Produktions- und Verfahrenstechnik interessant. Bei den produktspezifischen Themen sind für eine regionale Vernetzung nur solche interessant, bei denen neben wissenschaftlicher Kompetenz auch FuE in der Wirtschaft stattfindet, und bei denen Entscheidungsträger der Wirtschaft in der Region sitzen. Dies ist nur in wenigen Branchen der Lebensmittelindustrie der Fall, darüber hinaus bei wenigen Einzelbetrieben. Die Handelseigenmarkenhersteller der Region sind zwar wirtschaftlich starke Betriebe, betreiben jedoch meist so wenig Produkt-FuE, dass produktbezogene Netzwerke für sie wenig interessant sind. Das gleiche gilt in der Regel auch für Herstellungsbetriebe von Konzernen, deren Zentralen und FuE-Abteilungen an anderen Orten sitzen.

Insgesamt muss konstatiert werden, dass die Potenziale für Kooperationsprojekte trotz der relativen wirtschaftlichen Stärke der Lebensmittelindustrie der Region geringer sind als die Industriedichte zunächst erwarten lässt. Wenn die Größe des Marktes für gemeinsame Innovationsprojekte der Wissenschaft mit der Lebensmittelindustrie 10% der FuE-Aufwendungen und der Innovationszukäufe der Lebensmittelindustrie beträgt, dann hat er einen Umfang zwischen 1 Mio. und 6 Mio. EUR jährlich und bewegt sich damit immerhin in der gleichen Größenordnung wie die gesamte Projektförderung des BMB+F für lebensmittelrelevante Themen in der Region.

Für die Wissenschaft ist dieser Markt also in Abhängigkeit von der Industrienähe ihrer Themen durchaus relevant. Da die Innovationshöhe regionaler Kooperationsprojekte auf Grund der Bedürfnisse der Industrie nicht immer so hoch ist, dass eine Zusammenarbeit mit wissenschaftlichen Einrichtungen zwingend wäre, stehen die wissenschaftlichen Einrichtungen hier im Wettbewerb mit einer Reihe von Dienstleistungsunternehmen, teilweise ihren eigenen Ausgründern, die ebenfalls in der Lage sind, manche der nachgefragten Leistungen zu erstellen.

Über die Projekte zwischen Wirtschaft und Wissenschaft hinaus bestehen in der Region bei enigen Themen Potenziale für Netzwerke, deren Effekte deutlich über Kooperationsprojekte hinausgehen dürften. Neben den Wissenschaftsnetzwerken haben insbesondere auch Unternehmensnetze wie das Tresternetz das Potenzial, die Wertschöpfung in der Region zu erhöhen.

5.1.1   Existierende Netzwerke

In der Region existieren bereits einige Netzwerke. Vernetzungsaktivitäten öffentlicher Einrichtungen und anderer Intermediärer sollten deshalb diese Netzwerke sinnvollerweise stärken, statt sie zu doppeln:

- Die Nutrigenomforschung wendet die Möglichkeiten der modernen Genomforschung auf ernährungsrelevante Themen an. Sie erforscht genetische Ursachen ernährungsbedingter Krankheiten, Genome von Pathogenen, Nutzpflanzen und Nutztieren ebenso wie Möglichkeiten, diese Erkenntnisse zur Vermeidung, zur Therapie oder zur Diagnostik von Krankheiten anzuwenden oder zur Analytik möglicher Noxen zu nutzen. Die Akteure der Nutrigenomforschung haben sich zum **Verein zur Förderung der Nutrigenomik** zusammengeschlossen und im BioProfile Wettbewerb des BMB+F das **BioProfil Nutrigenomik** eingeworben, dessen Geschäftsstelle von der Technologiestiftung Innovationszentrum Berlin betrieben wird und im DIfE angesiedelt ist. Das Netzwerk ist das erfolgreichste seiner Art in Deutschland und in Europa nur mit ähnlichen Aktivitäten in den Niederlanden vergleichbar. Die Nutrigenomforschung ist ein Thema, bei dem sich die Wissenschaft erfolgreich vernetzt hat, um überregional wettbewerbsfähiger zu werden. Der Vernetzungsgrad mit der regionalen Industrie ist noch relativ gering, was vermutlich auf den hohen wissenschaftlichen Anspruch des Themas Nutrigenomik zurückzuführen ist. Diesem Anspruch ist der regionale Mittelstand finanziell kaum gewachsen. Gleichzeitig gehen die Projektlaufzeiten in der Nutrigenomik an den Erfordernissen von FuE-Projekten des Mittelstandes vorbei, der Projekte bevorzugt, die möglichst innerhalb eines Jahres wirtschaftlichen Erfolg bringen oder mindestens in diesem Zeitraum in die Produktion eingegangen sein sollen. Für Unternehmen, die selbst keine Lebensmittelunternehmen sind, die der Lebensmittelindustrie aber Produkte, FuE-Dienstleistungen oder produktionsnahe Dienstleistungen zuliefern, ist die Nutrigenomik ist allerdings durchaus ein Innovationsfeld.
- **ProSenso.Net** ist ein Netzwerk zur Entwicklung innovativer Sensortechnik und Prozessgestaltung für die Agrarproduktion. ProSenso.Net betreibt Forschung und Entwicklung im Bereich Sensortechnik, Prozessgestaltung und Transfer in die Praxis moderner Agrarproduktion. Die Zielrichtung des Verbundes ist überregional. Die Geschäftsstelle von ProSenso.Net ist das ATB. ProSenso.Net ist explizit an weiterer Vernetzung interessiert. Mit Betrieben außerhalb der Lebensmitteltechnik, die das Geschäftsfeld Sensorik bearbeiten, besteht

erhebliches Vernetzungspotenzial, das diese an lebensmittelrelevante Themen heranführen könnte.

- Das **Kompetenzzentrum für Gartenbau** versteht sich als Netzwerk zur Förderung der gartenbaulichen Forschung und Wissensvermittlung in der Region Berlin-Brandenburg. Mitglieder sind mehrere Institute, die TFH, das LVL und einige Unternehmen. Koordinator ist das IGZ.

- Das **Tresternetz** ist ein Zusammenschluss einer Reihe von Unternehmen, die gemeinsam wirtschaftliche Verwertungen für Trester entwickeln, der in einem Teil der Mitgliedsunternehmen anfällt und von einem anderen Teil verarbeitet wird. Das Management des Projektes liegt beim IASP.

- Der **pro agro-Verband zur Förderung des ländlichen Raumes im Land Brandenburg e.V.** ist neben anderen Aktivitäten stark darum bemüht, die regionale Herkunft von Produkten aus der Brandenburger Agrarproduktion oder der Brandenburger Lebensmittelindustrie als Qualitätssiegel „natürlich Brandenburg" zu positionieren. Auch die Förderung der Direktvermarktung gehört zu den Aktivitäten von pro agro. Innovation ist kein spezielles pro-agro-Thema, es ist jedoch eine ganze Reihe besonders innovativer und besonders qualitätsbewusster Unternehmen Mitglied bei pro agro.

- **BioTOP Berlin-Brandenburg** ist ein Netzwerk der Technologiestiftung Berlin, das Wissenschaft und Wirtschaft im Bereich der Biotechnologie vernetzt. Lebensmittel und Ernährung spielen nur insoweit eine Rolle, als sie moderne biotechnologische Themen betreffen. BioTOP engagiert sich stark in der Nutrigenomik. In der Lebensmitteltechnologie ist BioTOP nur insoweit engagiert, als biotechnologische Verfahrensaspekte angesprochen werden. Produktbezogenes Engagement im Lebensmittelbereich findet nicht statt, auch nicht im klassischen Gärungsgewerbe.

- Die **Wirtschaftsvereinigung der Ernährungsindustrie in Berlin und Brandenburg** ist ein klassischer Wirtschaftsverband, in dem viele Unternehmen der Lebensmittelindustrie Mitglied sind. Er bietet seinen Mitgliedern klassische Verbandsdienstleistungen wie rechtliche Informationen und politische Lobbyarbeit. Innovation bei Mitgliedsunternehmen zu fördern oder deren Vernetzung mit der Wissenschaft zu fördern, gehört nicht zu den Aufgaben, so dass der Verband in diesem Zusammenhang praktisch keine Rolle spielt.

- Bei einer Vielzahl weiterer Intermediärer ist das Thema Ernährung derzeit kein Schwerpunktthema: Weder die Technologiestiftung Innovationszentrum Berlin noch die Wirtschaftsförderung Berlin International betreiben spezielle lebensmittelspezifische Aktivitäten. Die Zukunftsagentur Brandenburg hat im Jahr 2000 im Auftrag des Wirtschaftsministeriums eine Kurzdarstellung des Ernährungsstandorts Brandenburg veröffentlicht[1], betreibt aber ebenfalls keine branchenspezifischen Schwerpunktaktivitäten. Auch in den Industrie- und Handelskammern, Investitionsbanken und Ministerien beider Länder ist Ernährung oder Lebensmittelherstellung kein Schwerpunktthema. In Fragen der Ansiedlung oder Wirtschaftsförderung ist die Zukunftsagentur Brandenburg eine Ansprechpartnerin für die Lebensmittelindustrie, betreibt aber keine speziellen Innovationsaktivitäten. Die Technologiestiftung Innovationsagentur Berlin GmbH unterstützt auch Lebensmittelunternehmen in Innovationsfragen oder bei der Lösung spezieller produktionstechnischer Probleme, teilweise unter Einbindung der regionalen Wissenschaft, bietet aber ebenfalls keine lebensmittelspezifischen Leistungen an.

5.1.2 Regionales Vernetzungspotenzial einzelner Innovationsfelder

Obst und Gemüse

Der Bereich der Obst- und Gemüseverarbeitung einschließlich der Herstellung von Säften aus Obst und Gemüse ist einer der wenigen Bereiche, in denen die Region eine geschlossene Verarbeitungskette (food-chain) aufweist, die mit regionalen Akteuren besetzt ist und der darüber hinaus hohe Wachstumsraten aufweist: Obwohl der Gartenbau in Brandenburg nicht auffallend bedeutend ist, existieren im Bereich der Primärproduktion starke Gartenbaubetriebe, die teilweise Verarbeitungsschritte wie Waschen, Sortieren und Handelsverpacken/Auszeichnen mit anbieten. Mehrere dieser Betriebe sind im Handel gelistet. Im Bereich des verarbeitenden Gewerbes existiert eine Reihe Betriebe, die nach Anschein der Zahlen der amtlichen Statistik durchschnittliche Beschäftigtenzahlen haben, im Bereich Saft eher unterdurchschnittliche, die aber pro Betrieb und pro Mitarbeiter deutlich höhere Umsätze erzielen als im Bundesdurchschnitt. Gerade im Bereich Obst und Gemüse finden sich auch besonders viele Betriebe, deren Entscheidungszentralen in der Region beheimatet sind. Im Segment Fruchtsaft finden sich (branchenüblich) besonders innovative Betriebe, die häufig Neuentwicklungen von Erzeugnissen betreiben und diese auch in den Markt einführen. Auch im Bereich der Gemüseverarbeitung gibt es Unternehmen, die Innovation betreiben. Etliche der Unternehmen sind im LEH gelistet. Das Produktspektum reicht von Konserven und Sauerkonserven bis hin zu Convenience-Produkten wie Tiefkühlgemüse und Fertiggerichten. Betriebe, die einzelne Inhaltsstoffe wie Farben, Aromen, Ballaststoffe und Ähnliches für Weiterverarbeiter aufbereiten, bis hin zu Hochveredlern aus dem Bereich der Nahrungsergänzungsmittel und Herstellern einfacherer Functional-Food-Produkte sind ebenfalls in der Region ansässig. Die Herkunftsbezeichnung „Spreewald" ist auch überregional gut eingeführt. Die Bezeichnung „Werder" hat mindestens den Charakter einer Regionalmarke, ebenso wie das von pro agro vergebene Siegel „natürlich Brandenburg". Im Segment Obst und Gemüse ist außerdem wissenschaftliche Kompetenz sowohl auf Seiten des Anbaus und der Ernte- und Nacherntetechnologie als auch auf Seiten der Verarbeitungstechnologie vorhanden, die von den Unternehmen genutzt werden kann. Nur in diesem Marktsegment sind sowohl die landwirtschaftlichen Erzeuger und Verarbeiter mit ihrer Zentrale ansässig, die überhaupt nennenswert Innovation betreiben, als auch wissenschaftliche Kompetenz, die von den Unternehmen genutzt werden kann. Darüber hinaus ist Berlin-Brandenburg ein Absatzmarkt mit 6 Mio. Konsumenten, der sowohl großstädtische als auch ländliche Verzehrgewohnheiten umfasst.

Der Autor ist deshalb der Meinung, dass im Segment Obst und Gemüse, einschließlich Saftherstellung, erhebliche Potenziale für ein Innovationsnetzwerk liegen, das durch gemeinsame FuE-Projekte zwischen Unternehmen und zwischen Unternehmen und Wissenschaft die Wettbewerbsfähigkeit der Unternehmen weiter stärkt und der Wissenschaft neue Praxisimpulse gibt. Sämtliche interviewten Experten, die sich mit diesem Thema intensiver befasst haben, außerdem das LVL[122] und das IASP[145], bezeichnen die Wachstumschancen für das Thema Obst und Gemüse als erheblich. Sowohl das LVL als auch das IASP sehen in der nicht ausreichenden Verarbeitungskapazität für Industriegemüse und Industrieobst ein Hemmnis in der Stärkung regionaler Wertschöpfung, das duch Ansiedlung weiterer Verarbeitungsbetriebe beseitigt werden könnte. Ob politisch erwünschte Aspekte der Ökologie in regionale Innovationsnetzwerke eingebunden werden können, wäre näher zu untersuchen, erscheint aber grundsätzlich möglich, da regionale Verwertungsketten zumindest Teilaspekte der z.B. von der Schweisfurth-Stiftung propagierten „Ökologie der kurzen Wege"[78] abdecken. Da erfahrungsgemäß Netzwerke nicht von allein entstehen, sondern eines Netzwerkmoderators bedürfen - für den in der Regel eine Anschubfinanzierung von Dritten geleistet werden muss - wird den Landesregierungen, insbesondere der Landesregierung von Brandenburg empfohlen, die Entstehung von Innovationsnetzwerken in diesem Bereich zu fördern. Einzelne Cluster innerhalb des Innovationsthemas Obst und Gemüse sind:

- niedrig verarbeitete Produkte und Frischprodukte, dazu gehören **Säfte, Frischgemüse, Frischobst** und **Frischsalate** in handelsaufbereiteter Form oder im Direktvertrieb, außerdem einfache Produkte wie **Konserven und Sauerkonserven.** Innerhalb dieser Cluster gibt es wirtschaftlich starke Betriebe. Besonders innovativ sind regional wie überregional die Gemüseverarbeiter und die Safthersteller. Das Vernetzungspotenzial zur Lebensmitteltechnologie der Region besteht in Anbau-, Ernte- und Nacherntetechniken vorwiegend für Gemüse (und Hackfrüchte) sowie in der Etablierung von Hochspannungs- oder Hochdruckverfahren.

- **„Heimische Exotische Früchte":** Eine ganze Reihe von Unternehmen versucht, die Erfolgsstory des Brandenburger Spargels mit „heimischen exotischen Fruchten" zu wiederholen. Am bekanntesten ist dabei der Sanddorn, der sich bereits einen Markt erobert hat. Einige Verarbeiter sehen Chancen bei (angebauten) Wildfrüchten. Ein regionaler Markt ist dafür nach den ersten Erfahrungen einiger Verarbeiter vorhanden. Ob Produkte dieser Art in nächster Zukunft in Mengen erzeugt werden, die eine überregionale Bedeutung haben und ob dies zu entsprechend zufriedenstellenden Preisen führt, bleibt abzuwarten. Beim Gemüseanbau ist Wachstum auf der Basis regionaler Produkte in einigen Fällen dadurch gelungen, dass Verarbeiter den Erzeugern Investitionen vorfinanziert haben, die dann mit der Ernte verrechnet wurden. Ob es gelingt, die Sortenvielfalt Brandenburger Äpfel in diesen Trend zu positionieren, bleibt ebenfalls abzuwarten. Kooperationspartner in der Wissenschaft sind hier vor allem im landwirtschafts- und gartenbaunahen Bereich zu suchen, da eine Massenproduktion bei etlichen Pflanzen an der Verfügbarkeit geeigneter Anbau- und Erntetechnik hängt. Kooperationspartner zur Auffindung von möglicherweise besonders interessanten Inhaltsstoffen aus dem Bereich des sekundären Pflanzenstoffwechsels dürften vorrangig in der Wirtschaft, aber auch in der pharmazeutischen Biologie zu finden sein. Ein interessanter Partner sowohl für die Wirtschaft als auch für die Wissenschaft könnte die Sortensammlung in den Versuchsstationen des LVL sein.

- Sekundärstoffwechselprodukte von Obst oder Gemüse als **Farben, Aromen oder anderweitige Zutaten:** In der Region existieren einige Unternehmen, die sich auf die Extraktion von Farb- und Aromastoffen sowie anderer Auszüge aus Obst- und Gemüsepflanzen spezialisiert haben. Ein Kooperationspotenzial mit der Wissenschaft besteht trotz hoher eigener Kompetenz der Unternehmen bei der Entwicklung neuer Extraktionsverfahren und bei der Identifizierung von möglicherweise interessanten Inhaltsstoffen von Fruchtextrakten. Unternehmen dieser Art sind interessante Kunden für Erstverarbeiter, da ihre Rohstoffbasis oft nicht das frische Obst und Gemüse oder Beiprodukt ist, sondern ein Konzentrat, Pulver oder ähnliche definierte und gut transportable Rohprodukte. Als Lieferant sind einige dieser Betriebe nicht nur für die Lebensmittelindustrie, sondern auch für die Hersteller von Nahrungsergänzungsmitteln und Kosmetika interessant.

- **Verwertung von Ab- und Beiprodukten** der Obst- und Gemüseveraarbeitung: Das Projekt Tresternetz macht bereits heute vor, dass in der Verwertung solcher Produkte ein erhebliches wirtschaftliches Potenzial liegen kann. Im Bereich der Verwertung von solchen Produkten existiert in der Region allerdings über den Trester hinaus noch erhebliches Potenzial. Neben etlichen Unternehmen, die in diesem Sektor tätig sind, forschen auch ATB und IASP schwerpunktmäßig zu diesem Thema.

Ballaststoffe

Insbesondere lösliche Ballaststoffe sind ein hochaktuelles Thema der Wissenschaft. Vernetzungspotenziale bestehen mit dem DIfE, dem IGV und der TU Berlin. Typische Brandenburger Lieferanten von löslichen und unlöslichen Ballaststoffen sind Roggen, andere Getreide, Topinambur, Chicoree sowie Obst- und Gemüsetrester. Es existieren vor allem in Brandenburg Verarbeiter, die die Kompetenz besitzen, Ballaststoffprodukte und -rezepturen für die Backwarenindustrie zu entwickeln und die entsprechenden Zutaten herzustellen und zu vermarkten.

Nahrungsergänzungsmittel

Mit Schwerpunkt in Berlin gibt es in der Region einige Hersteller von Nahrungsergänzungsmitteln. Solche Hersteller, deren Produkte einen eher esoterisch anmutenden Zusatznutzen versprechen, sind für Kooperationen mit der Wissenschaft weder interessant noch aufgeschlossen. Markenartikler oder andere Hersteller, deren Produktpalette neben Nahrungsergänzungsmitteln oft auch noch Phytopharmaka, Diätetika, Kosmetika oder andere Produkte der persönlichen Hygiene umfasst, sind dagegen interessante Partner sowohl für die Wissenschaft mit ihrer Kompetenz, Claims auch zu beweisen, als auch für Hersteller von Obst- und Gemüseextrakten, aus denen die Produkte häufig bestehen. Das Potenzial für mögliche Netzwerke wird allerdings nicht als sehr hoch eingeschätzt, da alle Nahrungsergänzungshersteller im Wettbewerb miteinander stehen und nicht zu erkennen ist, welche Innovationstätigkeiten innerhalb eines Netzwerks eine gemeinsame Bearbeitung nahe legen. Gemeinsame Projekte könnten in der wissenschaftlichen Verifizierung gesundheitlicher Aussagen liegen, die vergleichbare Produkte erfüllen sollen. Markenartikler aus diesem Bereich können auch interessante Kooperationspartner für kleinere Hersteller sein, da sie über erhebliche Kompetenz im OTC-Vertrieb verfügen und teilweise auch Lohnherstellung medikamentenmäßig aufgemachter Lebensmittel betreiben.

Sichere Lebensmittel

Die Lebensmittelsicherheit ein Dauerthema, für das sowohl regelmäßig staatliche Forschungsmittel bereitgestellt werden als auch industrieller Aufwand betrieben wird. Aspekte der Lebensmittelsicherheit mit Potenzial für regionale Netzwerke könnten sein:

- **Allergiesichere Lebensmittel** und verwandte Themen. In Interviews in der Wissenschaft und der Wirtschaft wurde das Thema mehrfach als mögliches Wachstums- und Kooperationsthema benannt. Von der Wissenschaft und der Politik erwartet die Lebensmittelindustrie dringend Aussagen bzw. Vorgaben dazu, welche Lebensmittelinhaltsstoffe unter Allergiegesichtspunkten betrachtet werden sollten und welche Schwellenkonzentrationen dieser Substanzen allergieauslösend wirken können. Ohne diese Aussagen können allergiesichere Lebensmittel für bestimmte Allergikergruppen kaum entwickelt werden. Da die Wissenschaft in der Region sowohl die biologisch-medizinische Kompetenz hat, Forschung zur Ermittlung von Allergenkonzentrationen zu betreiben, die als sicher gelten können, als auch die Kompetenz, entsprechende Spezial-Lebensmittel zu entwickeln, könnte das Potenzial für ein Netzwerk vorhanden sein. Es konnten allerdings nur wenige Hersteller in diesem Segment identifiziert werden, die solche Lebensmittel entwickeln, produzieren oder vertreiben. Beim Thema allergiesichere Lebensmittel sollte versucht werden, das BFR in die Vorlaufforschung einzubeziehen, da das BFR über erhebliche Mittel und Ressourcen für diesen Zweck verfügt.

- **Hygiene**: Bei der Lebensmittelhygiene werden Kooperationspotenziale mit der Wissenschaft nur da gesehen, wo sich die Wissenschaft im Wesentlichen auf Supervision in einzelnen Fällen, auf die Lösung von Aufgaben, die kommerziellen Labors zu anspruchsvoll sind, und auf die Entwicklung und Validierung neuer Verfahren konzentriert, da es nicht zum Auftrag der wissenschaftlichen Einrichtungen gehört, standardisierte Dienstleistungen anzubieten. Der Ersatz klassischer mikrobiologischer Methoden durch Tests auf PCR-Basis ist ein ebenso dynamisches Gebiet für Ausgründer aus der Wissenschaft wie andere Labordienstleistungen. Die Einführung von HACCP-konformen Produktionsmethoden wie auch deren Überwachung und Zertifizierung ist ebenso wie die laufende Qualitätssicherung eine Aufgabe, die Wachstumspotenzial hat, aber von der Wirtschaft in der Regel gut alleine bewältigt wird und kaum Netzwerkpotenziale bietet.

- **Rückverfolgbarkeit** der Produkte und Verantwortlichkeit im Management sind weitere Themen des IFS, deren Durchsetzung der Handel in die Hand genommen hat und damit ein Wachstumsthema geschaffen hat. Diese Themen erfordern Maßnahmen der Betriebsorganisation, die die Wirtschaft im Verbund mit Dienstleistern und Zertifizierern allein bewältigt. Das Kooperationspotenzial mit der akademischen Wissenschaft ist gering.

Produktionstechnik

Ein großer Teil der Innovationstätigkeit der Lebensmittelindustrie besteht in der Verbesserung der Herstellungsprozesse. Innovationen werden deshalb primär von Zulieferern beschafft, weniger von Forschungseinrichtungen. Trotzdem besteht in diesem Sektor einiges regionales Kooperationspotenzial:

- **Sensorik:** Sensorik ist ein wesentlicher High-Tech-Bestandteil hochproduktiver Maschinerie, in dem erhebliches Know-how steckt. Gerade für Handelsmarkenhersteller und reine Produktionsbetriebe ist eine schnelle und leistungsfähige Sensorik häufig ein Schlüssel zur Erringung eines Kostenvorteils. Die Region hat auf diesem Gebiet etliche Potenziale zu bieten, die für die Produktion von Lebensmitteln bisher nicht systematisch erschlossen sind. Während ProSenso.Net mit Schwerpunkt in Potsdam mit Sensorik für Precision Farming und Nacherntetechnologien (z.B. Schimmelsensoren für Lagerhaustechnik) an frühen Stellen der Food Chain ansetzt, bieten sowohl die Wissenschaft als auch eine Vielzahl kleinerer Unternehmen mit Schwerpunkt in Berlin-Adlershof Sensoren zum Einsatz in späteren Stufen der Verarbeitungskette an. Eine systematische Erschließung der Potenziale für die Lebensmittelindustrie ist bisher nicht erfolgt und könnte ein Thema für ein kleineres Netzwerk sein.

- Ingenieurmäßige Zugänglichkeit zu **Geruch und Geschmack**: Die Wahrnehmung von Flavor als Gesamtheit von Geruch und Geschmack erfolgt sowohl im Mund und Rachen als auch an der Riechschleimhaut über unterschiedlichste Rezeptoren, deren molekulare Signalverarbeitung ebenfalls sehr unterschiedlich ist, gekoppelt mit einer zentralen Signalverarbeitung durch das Nervensystem, deren Funktionsweise noch zu großen Teilen unbekannt ist[146]. Unabhängig von der Aufklärung der molekularen Funktionsweise der Flavor-Wahrnehmung wird weltweit und auch in der Region an einer Vielzahl von Projekten gearbeitet, die durch die Kopplung verschiedenster Sensoren versuchen, die Wahrnehmung von Flavor ingenieurmäßig zugänglich zu machen. Auf der analytischen Ebene, also bei der Identifizierung und Wiedererkennung eines bestimmten Flavors, funktionieren die verschiedensten „künstlichen Nasen" bereits recht gut. Von kompositorischen Anwendungen ist der Stand der Technik jedoch weit entfernt. In der Region wird eine erhebliche Anzahl von Projekten rund um künstliche Nasen sowohl in der Wirtschaft als auch in der Wissenschaft zu unterschiedlichen Zwecken betrieben, so dass hier erhebliches Vernetzungspotenzial besteht. Da immerhin 13% der Verbraucher angeben, industriell verarbeitete Lebensmittel wegen ihres schlechten Geschmackes nicht zu kaufen und nur 13% der Verbraucher den guten Geschmack als Vorteil industriell gefertigter Lebensmittel bezeichnen[3], und obwohl 47% der Verbraucher angeben, auf guten Geschmack besonderen Wert zu legen, kann dem Thema im Erfolgsfalle erhebliche wirtschaftliche Bedeutung unterstellt werden. Ob das Thema Flavor wirklich Netzwerkpotenzial hat, müsste eingehender untersucht werden, da zu wenige Daten über die Kooperationsbereitschaft der Akteure in diesem Themenfeld bekannt sind. Mit Ausnahme eines Herstellers natürlicher Aromen ist die Region kein besonderer Standort der Aromabranche, auch die Grundlagenforschung zur molekularen Funktionsweise von Flavor ist allerdings in der Region kaum vertreten.

- **Produktionstechnisches Zentrum** der TU Berlin und des Fraunhofer IPK: Das PTZ ist bei Werksleitern der Lebensmittelindustrie der Region gut bekannt und hat einen guten Ruf. Das Institut hat allerdings keine spezielle Ausrichtung auf Anlagen der Lebensmittelindustrie und betreibt auch keine speziellen Marketingmaßnahmen gegenüber der Lebensmittelindustrie. Vernetzende Maßnahmen Dritter scheinen allerdings auf Grund des hohen Bekanntheitsgrades ebenfalls nicht erforderlich.

- In Berlin und Brandenburg existiert eine Reihe **kleinerer Anlagenbauer**, die speziell Maschinerie für die Lebensmittelindustrie herstellen. Neben den Produzenten von Maschinen, die direkt mit dem Lebensmittel in Berührung kommt, gibt es auch Betriebe, die Zulieferer der Verpackungsindustrie sind, z.B. für Formen für die im Blow-Mould-Verfahren hergestellte PET-Flaschen. Netzwerke von Unternehmen dieser Art, die entweder als regionales Kompetenzzentrum oder als Systemanbieter auftreten, sind nicht bekannt. Ob eine stärkere Vernetzung von kleinen und mittleren Unternehmen im Lebensmittel-Anlagenbau oder von Unternehmen in der Verpackungstechnik das Potenzial hat, die regionalen Zulieferer zur Systemfähigkeit zu entwickeln, müsste ebenfalls gemeinsam mit diesen Unternehmen genauer untersucht werden.

- **Produktive Handelseigenmarken:** Sowohl in Brandenburg als auch in Berlin sind auffallend viele Hersteller von Produkten ansässig, die ausschließlich oder zusätzlich als Handelseigenmarken vertrieben werden. Diese Betriebe verfügen in der Regel über hochproduktive Herstellungstechnologie, die ihnen einen Kostenvorteil ermöglicht. Das Investitionsvolumen dieser Betriebe ist meist erheblich. Trotzdem eignet sich die Anwendung ähnlicher Marketingstrategien kaum zur Bildung regionaler Innovationsnetze mit technischen Wissenschaften, da die Produkte und damit auch die Herstellungstechnologien zu unterschiedlich sind. Eine Vernetzung wäre möglicherweise bei Vertriebs- oder Logistikaktivitäten sinnvoll, besitzt jedoch kaum Kooperationspotenzial mit der Wissenschaft. Da gerade die Handelsmarkenhersteller häufig Interesse an Prozessinnovationen haben und dafür auch bereit sind, zu investieren, sind sie als Einzelbetriebe interessante Partner für projektweise Kooperationen mit den produktionstechnisch orientierten Wissenschaften. In Interviews zeigte sich, dass solche Kooperationen auch erfolgen und dass gerade das PTZ bei diesen Unternehmen gut bekannt ist. Ähnliche porjektweise Kooperationspotenziale bestehen mit Herstellungswerken von Markenartiklern.

Andere Themen

Andere Themen bieten zwar ansatzweise Potenziale, erscheinen aber vor dem Hintergrund regionaler Innovationsnetzwerke weit weniger aussichtsreich als die vorgenannten.

- **Zulieferungen**: Nach einer Studie von DIW und Regioconsult[28] halten nur 31% der Lebensmittel- und Tabakunternehmen den Bezug zusätzlicher Waren und Dienstleistungen aus Berlin für möglich. Da immerhin die Hälfte der Betriebe einschätzt, dass kein entsprechendes Angebot vorhanden ist, scheint hier erhebliches Potenzial für ein akquisebezogene Netzwerkleistungen eines Zuliefernetzwerks oder eines Intermediären. Der Innovationsgehalt der Vermittlung von Lieferanten ist zwar gering, die wirtschaftliche Bedeutung stärker regionalisierter Zulieferketten sowohl für Waren als auch für Dienstleistungen kann jedoch erheblich sein.

- **Kakao, Kaffee und Dauerbackwaren**: Bereits oben wurde erwähnt, dass die Kooperationsbereitschaft der Süßwarenbrache mit der Wissenschaft eher gering ist. Im Bereich der Kaffeeproduktion und der Herstellung von Dauerbackwaren sind die Verknüpfungsmöglichkeiten zur Lebensmittelwissenschaft in der Region deshalb eher gering, weil produktnahe Innovationsaktivitäten im Bereich der Röstkaffe-, der Kaffeeextrakt- und der Dauerbackwarenproduktion so hochspezialisiert sind, dass Experten bei diesen Themen eher in der Industrie selbst als in der Wissenschaft anzutreffen sind. Im Bereich der Prozessinnovationen gibt es in der Region weder wissenschaftliche Spezialisten für Röst-, Extraktions-, Mahl- und Schüttgutanlagen noch Zulieferer, die solche Anlagen herstellen. Der Autor ist deshalb eher skeptisch, ob das wirtschaftliche Potenzial Berlins in den Segmenten Kaffee und Süßwaren genutzt werden kann, um gemeinsam mit der Wissenschaft Innovationsnetzwerke zu errichten.

- **Erfrischungsgetränke, Bier und Spirituosen**: Die Getränkeindustrie (außer der Herstellung von Fruchtsäften) ist in der Region mit den Segmenten Erfrischungsgetränke, Bier und Spirituosen vertreten, und zwar mit Betrieben, die nach den Daten der amtlichen Statistik umsatzstärker und produktiver sind als im Bundesdurchschnitt. Produktinnovationen finden eher im Bereich Spirituosen und Erfrischungsgetränke statt als im Segment Bier. Prozessinnovationen werden oft vom Anlagenbau bezogen. Hersteller von Sudhaustechnik, Brennereitechnik oder Abfülltechnik sind in der Region allerdings nicht vertreten. Ein Innovationsnetzwerk in diesem Segment hätte unter dem Aspekt des Bestandes an Unternehmen vermutlich die größten Chancen im Bereich der Herstellung von Erfrischungsgetränken, da hier ebenfalls starke Unternehmen vorhanden sind, deren Zentralen auch in der Region beheimatet sind. Die Anknüpfungspunkte zur Wissenschaft sind jedoch auf der Produktseite relativ gering. Die Brauwirtschaft ist durch die Verknüpfung der industriellen Gemeinschaftsforschung mit dem Braulehrstuhl der TU Berlin gut mit der Wissenschaft vernetzt. Durch die Neubesetzung des Lehrstuhls können eventuell neue thematische Anstöße erwartet werden.

- **Fleischprodukte, Milchprodukte und Backwaren**: Die drei „großen" Branchen der Lebensmittelindustrie sind entsprechend ihrer Bedeutung auch in der Wirtschaft der Region vertreten. Alle drei Branchen sind jedoch nicht übermäßig mit Tätigkeiten befasst, die eine akademische Vernetzung nahe legen. Sowohl neue Produktionstechniken als auch neue oder verbesserte Produktrezepturen werden von den meisten Betrieben von Zulieferern bezogen. Zulieferer sind in der Region jedoch kaum beheimatet. In allen drei Sektoren gibt es Produktionsbetriebe größerer Konzerne, die jedoch alle keine FuE in der Region betreiben. Innovation wird in diesen Unternehmen, wenn überhaupt, durch die Einführung neuer Produktionsmethoden in den laufenden Betrieb betrieben. Die Vernetzungspotenziale dieser Betriebe zur Wissenschaft beschränken sich auf Einzelfälle, in denen dann regelmäßig bereits gute Beziehungen, teils zu den Konzernmüttern, bestehen. In der Backwarenbranche sind Ansprechpartner das Institut für Lebensmitteltechnologie II der TU Berlin und das IGV. Betriebseigene Rezepturentwicklung wird teilweise im Fleischwarensektor betrieben, diese erfordert jedoch in der Regel kein akademisches Personal. Betriebe, die in der Region Innovation auf akademischem Niveau betreiben, sind nicht sehr zahlreich und im Einzelfall mit den wissenschaftlichen Einrichtungen, die ihnen die erforderlichen Kompetenzen bieten können, bereits relativ gut bekannt. Ein einzelner Fleischwarenhersteller konnte identifiziert werden, der einen Wettbewerbsvorteil auf Grund eines Patentes hat. Für die Umsetzung von Prozessinnovationen bestehen in der Milch- und Fleischwarenbranche Kontakte zur TU Berlin und zum IASP. Prozessinnovationen im Backwarensektor können mit der TU Berlin und dem IGV betrieben werden. Auch die TFH Berlin ist in Betrieben aus allen drei Segmenten bekannt.

Tabelle 8
Themen mit Potenzial für regionale Netzwerke

Thema	Wissenschaft	Wirtschaft	Regionales Vernetzungs-potenzial
Obst und Gemüse	+	+	+
Frischware	+	+	+
Industrieware	+	+	+
Exoten	?	+	?
Inhaltsstoffe	?	+	+
Ab- und Beiprodukte	+	+	+
Ballaststoffe	+	+	+
Nahrungsergänzungsmittel	0	+	?
Sichere Lebensmittel	+	+	(+)
Allergiesicherheit	+	+	+
Hygiene	+	+	0
Rückverfolgbarkeit	0	+	0
Produktionstechnik	+	+	?
Schnelle Sensorik	0	+	+
Flavor	?	+	?
Lebensmittelanlagen	0	+	?
Zulieferungen steigern	0	+	?

5.2 Überregionales Vernetzungspotenzial rund um Functional Food

Die Wissenschaft in der Region hat erhebliche Kompetenzen, einerseits im wissenschaftlichen Funktionsnachweis von Functional Food auf höchstem wissenschaftlichen Niveau, andererseits in der Nutrigenomik. Auch die Entwicklung einzelner Speziallebensmittel gehört zum Spektrum der Wissenschaft in der Region. Das Thema Functional Food auf dem wissenschaftlichen Niveau der Institute spielt jedoch in der betrieblichen Praxis der regionalen Lebensmittelverarbeiter kaum eine Rolle, da die Anforderungen, die Wissenschaft und regionale Industrie an die Nachweishöhe gesundheitsbezogener Behauptungen und an die Projektlaufzeiten stellen, sich stark unterscheiden. Regionale Kooperationspotenziale zwischen Wissenschaft und Herstellern von Functional Food, Nahrungsergänzungsmitteln oder Diätetika beschränken sich deshalb auf wenige Einzelfälle.

Als Interessenten für die Leistungen der Wissenschaft kommen vor allem die Global Player der Lebensmittelindustrie und wenige weitere Unternehmen in Frage, die systematische eigene Forschung in diesem Bereich betreiben. Zu diesen besteht eine Vielzahl von Einzelkontakten von Wissenschaftlern aus der Region. Ein systematisches Marketing des Wissenschaftsstandortes Berlin-Brandenburg, das das Ziel verfolgt, die Wissenschaft und den Wissenschaftsstandort speziell bei den Global Playern bekannter zu machen, die entsprechende Themen bearbeiten, findet derzeit nicht oder nur sporadisch statt. Speziell Global Player, die sich noch nicht auf andere deutsche Standorte festgelegt haben, werden überhaupt nicht systematisch angesprochen. Weder die Wissenschaft noch die Wirtschaftsfördereinrichtungen der Länder vermarkten die Region als geeigneten Standort für FuE-Zentren von Konzernen der Lebensmittelindustrie. Wie stark das Image eines Standortes durch die Ansiedlung eines industriellen FuE-Zentrums gehoben werden kann, hat Weihenstephan mit der Ansiedlung eines Degussa-Forschungszentrums gerade eindrucksvoll vorgeführt.

Themen für eine solche Vernetzung können die Themen sein, bei denen die Wissenschaft besondere Kompetenzen hat. Neben der Nutrigenomik sind dies Wirksamkeitsnachweise für Functional Food, Biomarker, klinische und epidemiologische Studien und Ballaststoffe. Experimentiereinrichtungen, die besonders herausgestellt werden können, sind neben den oft einzigartigen Einrichtungen des DIfE die Technika an der TU Berlin, im ATB und im IGV.

Dem gezielten Marketing des Wissenschaftsstandortes als Kompetenzregion für Functional Food kann erhebliches Potenzial zugetraut werden. Wegen des starkes Wachstums dieses Marktsegments ist damit zu rechnen, dass die Lebensmittelindustrie ihre Aktivitäten in diesem Sektor deutlich verstärken wird. Da auch politisches Interesse an gesunden Lebensmitteln besteht, ist auch damit zu rechnen, dass staatliche Fördermittel weiter zur Verfügung stehen werden und entsprechend der Förderpolitik von Bund und EU bevorzugt in Kompetenzregionen fließen. Für die Wissenschaft hat deshalb ein besseres Marketing das Potenzial, erhebliche Drittmittel einzuwerben, was sie mit dem Einwerben des BioProfils Nutrigenomforschung bereits eindrucksvoll bewiesen hat. Für den Wirtschaftsstandort wird die Chance einer Ansiedlung eines FuE-Zentrums eines Großunternehmens in den nächsten Jahren als realistisch angesehen.

6 Mögliche Maßnahmen

Der quantitative Effekt der nachstehenden Maßnahmen ist nur sehr schwer abzuschätzen, da einerseits die Datenlage des Ausgangsszenarios in weiten Bereichen nur geschätzt werden kann, und da andererseits zukünftige Entwicklungen schwer zu prognostizieren sind. Ein Zeitraum von zehn Jahren für eine solche Schätzung ist gemessen am Thema Innovation eigentlich schon zu hoch, da innerhalb von zehn Jahren wenige grundlegende Basisinnovationen in der Lage sind, jede Prognose vollständig zu entwerten. Gemessen an den Zeiträumen politischen, wirtschaftlichen und wissenschaftlichen Handelns sind zehn Jahre allerdings fast etwas kurz gegriffen, da Aufbaustrategien für ein regionales Innovationsfeld nach den Erfahrungen der TSB mindestens über einen solchen Zeitraum verfolgt werden müssen, damit sich nachhaltige Effekte, die über kurzfristige mit hohem Mitteleinsatz angeschobene Strohfeuer hinausreichen, überhaupt einstellen können. Die nachstehenden Zahlen sind äußerst vorsichtig abgeschätzt, ohne übertriebene Erwartungen als Prämissen einzusetzen. Sie sollten mit entsprechender Vorsicht verwendet werden und dienen vorrangig dazu, mögliche Effekte einer Schwerpunktsetzung öffentlicher und intermediärer Akteure im Bereich Lebensmittel mit bestehenden öffentlichen und intermediären Netzwerkaktivitäten in anderen Innovationsfeldern vergleichbar zu machen. Die nachstehend abgeschätzte Zahl von ca. 900 bis 1000 zusätzlichen Arbeitsplätzen, die allein durch Innovationsaktivitäten über das konjunkturelle Maß hinaus geschaffen werden könnten, enthält keine Effekte von Maßnahmen, die mangels sinnvoller Daten nicht quantifizierbar sind. Zu diesen Daten gehören die Sicherung des Generationswechsels an den Hochschulen oder die Suche nach gesundheitlichen Funktionalitäten in heimischen Rohstoffen. Unterstellt man eine lineare Abhängigkeit der Beschäftigung vom Umsatz, dann kann man davon ausgehen, dass 1% zusätzliches Wachstum im gesamten Lebensmittelgewerbe in Abhängigkeit vom bereits vorhandenen Wachstum zwischen 2.300 und 2.700 Arbeitsplätze in der Region schafft. Diese Größenordnung steht in Einklang mit den Schätzungen der möglichen Effekte von Innovationsmaßnahmen und zeigt, dass diese sehr vorsichtig und auf keinem Fall übertrieben dargestellt sind.

6.1 Wachstum aus eigener Kraft: Kompetenzen vernetzen

Mögliche Maßnahmen zur Stärkung des Standorts ergeben sich aus einer Strategie des Ausbaus vorhandener Stärken und der Verbesserung der Vernetzung zwischen Wissenschaft und Wirtschaft bei Themen, von denen beide Vorteile erwarten können. Das Hauptproblem ist das Fehlen eines intermediären Akteurs, der sich im Innovationsfeld Ernährung engagiert. Die Ressourcen und Finanzen der bestehenden Netzwerke dürften damit überfordert sein, die jeweils bearbeiteten Themen wesentlich zu erweitern. Das Auffinden und Beauftragen eines Akteurs, der Vernetzungsaktivitäten durchführt, dürfte deshalb die vorrangige Aufgabe von Wirtschaft, Wissenschaft und Politik sein, wenn sie daran interessiert sind, das Thema Ernährung weiter aufzubauen. Eine stärkere Vernetzung kann empfohlen werden bei den Themen:

- **Obst und Gemüse**: Die Obst- und Gemüseverarbeitung beschäftigt im Moment 1.300 Personen, nicht eingerechnet die Landwirtschaft. Gelingt es durch Innovationsvorsprünge ein Wachstum von 1% pro Jahr über dem Wachstum von 13%, das die Branche zwischen 1997 und 2002 erfuhr, zu stimulieren, so können innerhalb von zehn Jahren rechnerisch etwa 350 Arbeitsplätze zusätzlich geschaffen werden. Unterstellt man, dass das bisherige Wachstum sich halbiert, dann erscheint ein zusätzliches Arbeitsplatzpotenzial von knapp 250 allein im verarbeitenden Gewerbe immer noch realistisch.

- **Ballaststoffe, Nahrungsergänzungsmittel und Allergiesichere Lebensmittel**: Exakte Daten über die Beschäftigtenzahlen in diesem Bereich sind nicht zu ermitteln. Die Beschäftigtenzahlen in diesem Sektor betragen nach einer überschlagsmäßigen Berechnung auf Basis der Kenntnis der Betriebe etwa 700. Da die Produkte sehr exportintensiv sind, kann damit gerechnet werden, dass ein Innovationsvorsprung höheres Wachstum erzeugt als bei regionalen Produkten. Es kann deshalb abgeschätzt werden, dass ein zusätzliches Wachstum von 2% über dem konjunkturbedingten innerhalb von zehn Jahren etwa 150 bis 200 zusätzliche Arbeitsplätze schaffen könnte.

- **Sensorik für die Produktion**: Das Thema Sensorik beschäftigt in Berlin und Brandenburg nach Daten der TSB derzeit etwa 2.500 Beschäftigte. Ein Wachstum von nur 1% über das konjunkturbedingte Wachstum hat deshalb das Potenzial, innerhalb von zehn Jahren etwa 250 bis 350 zusätzliche Arbeitsplätze zu schaffen.

- **Geruch und Geschmack**: Da es sich beim Thema Flavor weder um eine Branche noch um ein spezielles Produkt handelt, sind exakte Daten über die Beschäftigtenzahlen nicht zu ermitteln. In Kenntnis etlicher Unternehmen, die sich mit Projekten aus dem Umfeld der Flavor-Sensorik befassen, kann abgeschätzt werden, dass es sich dabei um Unternehmen mit einer Gesamtzahl von ca. 200 Beschäftigten handelt. Da Produkte auf der Basis ingenieurmäßiger Bearbeitung des Themas Marktneuheiten und sehr exportintensiv sind, kann damit gerechnet werden, dass ein Innovationsvorsprung relativ hohes Wachstum erzeugt. Es kann deshalb abgeschätzt werden, dass ein zusätzliches Wachstum von 5% über dem konjunkturbedingten innerhalb von zehn Jahren etwa 100 bis 150 zusätzliche Arbeitsplätze schaffen könnte. Da gerade dieses Thema allerdings außerordentlich anspruchsvoll ist, würde der gezielte Aufbau einer regionalen Stärke in diesem Bereich der Unterstützung durch die Berufungspolitik der TU oder der Universität Potsdam bedürfen.

6.2   Wachstum durch Akquise: Standort besser darstellen und vermarkten

Weder der Wirtschaftsstandort als Standort für die Lebensmittelindustrie noch der Wissenschaftsstandort für lebensmittelrelevante Forschung werden derzeit systematisch vermarktet. Während ein besseres Marketing des Forschungsstandorts eine Aufgabe der Wissenschaft selbst und der Wissenschaftsministerien der Länder ist, liegt das Marketing des Wirtschaftsstandortes bei den Wirtschaftsfördergesellschaften und den Wirtschaftsministerien beider Länder. Die Herausgabe einer gemeinsamen mehrsprachigen Veröffentlichung mit dem Ziel, den Forschungs- und Produktionsstandort bekannter zu machen und der gezielte Vertrieb solcher Broschüre an Global Player der Lebensmittelindustrie wäre eine geeignete Maßnahme, den Standort in der Industrie bekannter zu machen. Der siegreiche Wettbewerbsbeitrag der Region Berlin-Brandenburg im BioProfile Wettbewerb des BMB+F, der für das Projekt Nutrigenomforschung insgesamt 18 Mio. EUR eingeworben hat, war ein erster großer Erfolg der Wissenschaft. Dieser Erfolg kann dazu beitragen, den Standort als Kompetenzregion bekannter zu machen und sollte von den politischen und intermediären Akteuren der Region nach außen stärker herausgestellt werden.

Quantitative Effekte aus der gezielten Akquise von Kooperationsprojekten mit Global Playern für die Region lassen sich schwer abschätzen: Gelingt es, von Global Playern zusätzliche Industrieprojekte einzuwerben, so lässt sich aus Erfahrungswerten über Projektkosten abschätzen, dass pro 1 Mio. EUR pro Jahr ein Beschäftigungseffekt mehr als sieben Arbeitsplätzen, akademischen und nichtakademischen, in der Wissenschaft eintritt. Wenn es gelingt, ein der Höhe nach mit bisher eingeworbenen BMB+F-Mitteln vergleichbares Projektvolumen von etwa 1,5 Mio. EUR pro Jahr von Global Playern einzuwerben, dann liegt der Arbeitsplatzeffekt in der Wissenschaft zwar nur bei elf Arbeitsplätzen. Der Imagegewinn dürfte aber um ein Vielfaches höher liegen und die gezielte Akquise von Global Playern für eine Ansiedlung in der Region deutlich erleichtern. Bei der erfolgreichen Ansiedlung eines FuE-Zentrums eines Großkonzerns, dürfte wohl vorsichtig mit 50 Arbeitsplätzen, bei der Akquise eines Herstellungswerkes mit 100 bis 150 Arbeitsplätzen zu rechnen sein. Innerhalb von zehn Jahren sollte es möglich sein, je ein solches FuE-Zentrum und ein Produktionswerk anzusiedeln. Speziell in Brandenburg erscheint es darüber hinaus sinnvoll, weitere Verarbeitungsbetriebe für Gemüse und Obst anzusiedeln, da in der Verarbeitung ein Engpass besteht und seine Beseitigung die regionale Wertschöpfung erhöhen könnte.

6.3   Sicherung des Niveaus: Generationswechsel bewältigen

Sowohl das lebensmittelhygienische Institut der FU Berlin als auch die Lebensmitteltechnologie der TU Berlin stehen nach eigenen Aussagen vor einem Generationswechsel, der in den nächsten zehn Jahren bewältigt werden muss. Beide Einrichtungen werden von außen als starker Wettbewerber wahrgenommen und prägen die Kompetenz Berlins in den lebensmittelrelevanten Themen. Diese Position wird nicht unwesentlich von der Person der Lehrstuhlinhaber an den Instituten bestimmt. Es wird von der Berufungspolitik der beiden Universitäten abhängen, ob die erreichte Position der Institute gehalten und ausgebaut werden kann. Neben der finanziellen Ausstattung wird es erforderlich sein, das fachliche Niveau durch die Berufung von Spitzenwissenschaftlern zu sichern. Da es sich bei beiden Fächern um Fächer handelt, die an den vier Universitäten der Region jeweils nur einmal vertreten sind, besteht in diesen Fächern erhebliches Potenzial zur Profilbildung der Universitäten. Dieses Potenzial sollten die Universitäten bei der Bereitstellung von Mitteln berücksichtigen, indem sie gezielt Zukunftsthemen besetzen, die sich eignen, Alleinstellungmerkmale aufzubauen. Die Auswahl dieser Themen unterliegt der Hochschulautonomie. Vor dem Hintergrund des verarbeitungsnahen ingenieurwissenschaftlichen Profils der Berliner lebensmittelrelevanten Wissenschaften kann beiden Universitäten empfohlen werden, dieses Profil weiter auszubauen und nach Möglichkeit auf Themen zu setzen, bei denen in der Region auch Anwender in der Wirtschaft vorhanden sind. Schnelle Sensorik zum Aufbau neuartiger Inline-Meßtechniken könnte in beiden Bereichen ein solches Thema sein. Mit Unterstützung der regionalen Industrie könnte auch die ingenieurmäßige Beherrschung von Flavor ein Thema sein, sowohl bei der Steuerung erwünschter Eigenschaften wie bei der Erkennung von Verderbserscheinungen.

6.4   Regionale Agrarprodukte in den Fokus der Forschung stellen

Brandenburg ist stark agrarisch geprägt. Dabei ist die Agrarwirtschaft dadurch geprägt, dass sie aus klimatischen Gründen und Gründen der Bodengüte nur ein relativ begrenztes Erzeugnisspektrum herstellen kann. Von etlichen dieser Erzeugnisse wird bereits heute erheblich mehr hergestellt als zu Ernährungszwecken verwendet werden kann. Andere Erzeugnisse weisen eine relativ geringe Wertschöpfung auf. Es wäre deshalb wünschenswert, wenn die Wertschöpfung Brandenburger Produkte zusätzlich zur Suche nach alternativen Produkten wie nachwachsenden Rohstoffen gezielt erhöht werden könnte. Der Wissenschaft in der Region kann in dieser Situation empfohlen werden, bei der Suche nach Funktionalitäten aus Pflanzen, die sich zur Herstellung von Functional Food eignen, gezielt in Brandenburger Rohstoffen wie Roggen, Spargel, Äpfeln, Kirschen und Gemüse nach solchen Funktionalitäten zu suchen. Die Brandenburger Landesregierung sollte wissenschaftliche Projekte dieser Art unterstützen. Auch zum Erhalt der in Brandenburg noch vorhandenen Sortenvielfalt bei Obst und Gemüse sollten Maßnahmen ergriffen werden. In einer Reihe von Interviews wurde die hohe Sortenverfügbarkeit als Standortvorteil benannt. Die Sortenvielfalt in den Versuchsstationen des LVL ist außerdem eine genetische Reserve, deren Wert für die Wissenschaft bereits heute hoch ist und deren zukünftiger Wert nicht abschätzbar ist.

7 Empfehlungen zur Erhöhung der Attraktivität des Wirtschafts- und Forschungsstandorts Berlin-Brandenburg

7.1 Empfehlungen an die Landesregierungen

Maßnahmen zur Steigerung der Attraktivität der Region als Standort der Lebensmittelindustrie

Den Landesregierungen können folgende Maßnahmen zur Steigerung der Attraktivität der Region als Standort der Lebensmittelindustrie empfohlen werden:

- Wahrnehmung der Lebensmittelindustrie als hochgradig beschäftigungsrelevante, produktive und investitionsstarke Branche, die trotz stagnierender oder gar schrumpfender Märkte von erheblicher Bedeutung für die Region ist.

- Unterstützung einer gezielten Darstellung der Region als geeigneten Standort für Produktion und Forschung der Lebensmittelindustrie, Bewerbung des Standorts mit in der Region ansässigen Highlight-Betrieben.

- Ausrichtung der Akquisitionsbemühungen auf Betriebe von Global Playern, die in Deutschland noch nicht fest an andere Regionen gebunden sind, und auf die Ansiedlung des industriellen Forschungszentrums eines Global Players.

- Auffindung und Beauftragung geeigneter neutraler Netzwerkmanager, um - idealerweise gemeinsam mit Wirtschaft, Wissenschaft und Politik - länderübergreifend Vernetzung zwischen Wissenschaft und Wirtschaft in ausgewählten Themen zu organisieren. Mögliche Themen sind Nahrungsergänzungsmittel mit Schwerpunkt in Berlin, Obst und Gemüse sowie Ballaststoffe in Brandenburg, Flavor, Lebensmittelsicherheit, Sensorik und Functional Food in beiden Ländern.

- Förderung von Projekten zum Thema Functional Food. Diese sind geeignet, die Wertschöpfung von Produkten zu erhöhen. Bei der Förderung solcher Projekte sollte allerdings die Empfehlung der Lebensmittelchemischen Gesellschaft zum wissenschaftlichen Anspruch an den Funktionalitätsnachweis zur Grundlage gemacht werden.

- Förderung von Projekten zu den Themen Obst und Gemüse sowie Ballaststoffe. Diese sind geeignet, bereits ansässige Unternehmen wettbewerbsfähiger zu machen und die Produktion entsprechender Produkte auszuweiten.

- Förderung von Projekten, die schnelle Sensorik in der Produktion von Lebensmittel einschließlich Sensorik für Flavor zum Inhalt haben. Diese sind geeignet, Wettbewerbsvorteile bei Qualität, Hygiene und Produktivität zu schaffen.

- Gezielte Förderung von Projekten, die die Wertschöpfung mit Brandenburger Agrarprodukten - z.B. durch Auffindung neuer gesundheitlicher Funktionalitäten - erhöhen.

- Förderung regionaler Markenstrategien, die die Wertschöpfung in der Region erhöhen.
- Ansiedlung weiterer Verarbeiter von Obst und Gemüse, da die mangelnde Verarbeitungskapazität zur Zeit die regionale Wertschöpfung in diesem Bereich limitiert.
- Maßnahmen zur Erhaltung der Sortenvielfalt und der genetischen Reserven in den Versuchsanlagen des LVL.
- Verhinderung weiterer Steigerungen des bereits jetzt in Berlin und an vielen Brandenburger Standorten relativ hohen Wasserpreises.

Maßnahmen zum weiteren Ausbau der Attraktivität des Wissenschaftsstandorts

Den Landesregierungen können folgende Maßnahmen zum weiteren Ausbau der Attraktivität des Wissenschaftsstandorts empfohlen werden:
- Wahrnehmung des Spitzenniveaus der Wissenschaft im Bereich lebensmittel- und ernährungsrelevanter Themen sowohl in Berlin als auch in der Region um Potsdam.
- Unterstützung der Wissenschaft bei der Entwicklung eines gemeinsamen Außenauftritts, der die Region als Forschungsstandort aus einem Guss darstellt und nach außen klarmacht, dass es keine Schwäche, sondern eine Stärke darstellt, dass die klassischen Bestandteile einer Landwirtschaftsakademie - Landwirtschaft, Forst, Ernährungswissenschaft, Lebensmitteltechnologie und -chemie, Veterinärmedizin und Biologie der Nutztiere und - Nutzpflanzen - in der Region nicht in einerm Zentralinstitut, sondern in der Trägerschaft von mindestens sechs Hochschulen und fünf bis zehn außeruniversitären Einrichtungen organisiert sind.
- Unterstützung der Wissenschaft bei der Entwicklung einer Strategie für den Gesamtstandort.
- Unterstützung der TU Berlin und der FU Berlin bei der Bewältigung des Generationswechsels in der Lebensmitteltechnologie und der Lebensmittelhygiene durch eine zukunftsweisende Berufungspolitik.
- Ausbau der unterschiedlichen inhaltlichen Profilierung der Standorte Berlin und Potsdam mit Berlin als einem Zentrum verarbeitungsnaher ingenieurwissenschaftlicher und veterinärmedizinischer Themen und mit Potsdam als biowissenschaftlichem Zentrum der Ernährungsforschung.
- Die Landesregierung von Brandenburg sollte der Sicherstellung einer Ausbildungsmöglichkeit für künftige landwirtschaftliche Betriebsleiter in der Region hohe Priorität einräumen.

7.2   Empfehlungen an die wissenschaftlichen Einrichtungen

Den wissenschaftlichen Einrichtungen in beiden Ländern kann empfohlen werden:
- Erarbeitung eines gemeinsamen Außenauftrittes des Forschungsstandorts Ernährung in der Region Berlin-Brandenburg als Forschungsstandort mit geballter Kompetenz aus einem Guss.
- Nutzung dieses Auftritts zur Verstärkung der Akquisition von Drittmitteln bei überregionalen Global Playern und, soweit die Themen übereinstimmen, bei der Wirtschaft der Region.

- Entwicklung wissenschaftlicher Dienstleistungen, mit denen auch regionale Kooperationsprojekte akquiriert werden können, beispielsweise im Bereich des Nachweises gesundheitlicher Funktionalitäten von Lebensmitteln.
- Erarbeitung einer gemeinsam getragenen Entwicklungsstrategie für die Fächer, die in anderen Regionen klassischerweise ins Spektrum der Landwirtschaftsakademien gehören. Dies sind Landwirtschaft und Gartenbau, Forst, Lebensmitteltechnologie und -chemie, Ernährungswissenschaft, Veterinärmedizin und Biologie der Nutztiere und Nutzpflanzen einschließlich moderner Entwicklungen wie Nutrigenomik und grüne Gentechnologie.
- Schnelle Inkraftsetzung eines Credit Transfer Systems, das sicherstellt, dass Studienleistungen an den verschiedenen Hochschulen der Region untereinander anerkennungsfähig sind.
- Stärkere Berücksichtigung Brandenburger Rohstoffe bei der Suche nach neuen Funktionalitäten für Lebensmittel.
- Gezielter Ausbau der Beziehungen zu nahegelegenen polnischen Landwirtschaftsakademien mit dem Zweck der stärkeren gemeinsamen Erschließung von EU-Fördermitteln.

7.3   Empfehlungen an die Wirtschaft

Der Wirtschaft in beiden Ländern kann empfohlen werden:
- Entwicklung von Produktneuheiten mit gesundheitlichen Funktionalitäten zur Erzielung eines Wettbewerbsvorsprungs, da sowohl die Margen als auch die Wachstumsraten insbesondere bei Innovationen mit einem gesundheitlichen Zusatznutzen deutlich attraktiver sind als bei älteren Produkten. Wirtschaftlich interessant sind dabei auch Innovationen mit technologisch relativ geringer Innovationshöhe, die auch kleinere Betriebe aus eigener Kompetenz entwickeln können - z.B. fett- oder salzarme Produke oder Produkte, denen eine gesundheitsfördernde Zutat zugesetzt wurde. Zur Entwicklung komplizierterer Innovationen auf diesem Sektor, die den wissenschaftlichen Nachweis bestimmter Funktionalitäten erfordern, kann die Kompetenz der wissenschaftlichen Einrichtungen der Region in Anspruch genommen werden. Auch Produktneuheiten ohne spezielle gesundheitliche Vorteile bieten allein auf Grund ihres Neuheitscharakters hohe Wachtumspotenziale und attraktive Margen.
- Stärkere Nutzung der herstellungstechnischen Kompetenzen der TU Berlin und des PTZ sowie der produktspezifischen Kompetenzen der TFH Berlin zur Entwicklung von Prozessinnovationen, die Kosten oder Durchlaufzeiten senken oder die Qualität erhöhen. Sowohl über gemeinsame Forschungsprojekte als auch über gemeinsame Diplomarbeiten bestehen vielfältige Kooperationsmöglichkeiten.
- Insgesamt stärkere Innovationsanstrengungen, da Innovation angesichts der allen Betrieben gleichermaßen zur Verfügung stehenden Ausgangsrohstoffe das einzige Mittel ist, sich von Wettbewerbern zu unterscheiden.
- Stärkere Erschließung des regionalen Absatzmarktes und möglicher regionaler Zulieferquellen. Beides vereinfacht im Idealfall die Zusammenarbeit mit Kunden und Lieferanten und senkt in jdem Falle die Logistikkosten. Außerdem ergibt sich so die Möglichkeit, von Maßnahmen zu profitieren, die die Landesregierungen zur Unterstützung regionaler Marken fördern.

- Entwicklung der Beziehungen zu Polen mit dem Zweck einer Verbreiterung der Rohstoffbasis und des Marktes; Ausbau der Herstellung von Handelseigenmarken für den polnischen Handel.

Tabelle 8
Ausgewählte Handlungsempfehlungen dieser Studie

Empfehlung	Adressat
Bessere Außendarstellung der Region als Standort der Lebensmittelherstellung und lebensmittelrelevanten Forschung. Die herausragende Stellung des Forschungsstandorts sollte betont werden.	Länder, Wissenschaft, Wirtschaft
Ausrichten der Akquisebemühungen auf Ansiedlung eines FuE-Zentrums eines Global Players der Lebensmittelindustrie und weiterer Produktionsstätten	Länder
Akquise weiterer Verarbeitungsbetriebe für Obst und Gemüse zur Beseitigung eines Engpasses der regionalen Wertschöpfung	Länder
Beauftragung neutraler Intermediäre zur Verfolgung vielversprechender Netzwerkansätze in den Bereichen Obst und Gemüse, Ballaststoffe, Sensorik, Functional Food und Marketing des Wissenschaftsstandorts	Länder, Wissenschaft, Wirtschaft
Förderung von Kooperationen bei den vorgenannten Themen	Länder, Wirtschaft, Wissenschaft
Erarbeitung einer Entwicklungsstrategie für den Gesamtstandort	Länder, Wissenschaft, Wirtschaft
Bewältigung des Generationswechsels an den Hochschulen	Wissenschaft, Länder
Stärkerer Leistungsaustausch bei der Ausbildung und einfachere gegenseitige Anerkennung von Studienleistungen	Wissenschaft
Stärkere Erschließung regionaler Absatz- und Zuliefermärkte	Wirtschaft
Stärkere Innovationsanstrengungen zum Ausbau der Wettbewerbsfähigkeit	Wirtschaft

Glossar

Functional Food	gemeint sind hier Lebensmittel mit einem nachgewiesenen oder behaupteten zusätzlichen gesundheitlichen Verbrauchernutzen
Probiotische Lebensmittel	sind i.d.R. Sauermilchprodukte, in denen Milchsäurebakterien angereichert sind, was die Darmflora positiv beeinflussen soll
Prebiotische Anreicherungen	sind komplexe Zuckermoleküle, die unzersetzt den Dünndarm passieren und selektiv erwünschten Bakterien des Dickdarms als besondere Nährstoffquelle dienen sollen
Symbiotisch	meint die Kombination aus pre- und probiotisch
Nahrungsergänzungsmittel	sind keine Lebensmittel, sondern isolierte Lebensmittelbestandteile, bei denen die Kalorienzufuhr nicht im Vordergrund steht, sondern die Zufuhr eines die normale Nahrung ergänzenden Stoffes. Nahrungsergänzungsmittel werden häufig in Packungsformen verkauft, die an pharmazeutische Produkte erinnern, und behaupten meistens einen gesundheitlichen Nutzen
Lebensmittelzusatzstoffe	sind Zutaten, die häufig technischen Zwecken wie der Erhöhung der Haltbarkeit, der Verbesserung mechanischer oder chemischer Eigenschaften, der Aromatisierung, dem Oxidationsschutz oder der Farbgebung dienen. Zusatzstoffe sind zulassungspflichtig
Novel Food	bezeichnet Lebensmittel, die bisher noch nicht „in nennenswertem Umfang" verzehrt wurden, insbesondere solche, die gentechnisch veränderte Organismen enthalten oder aus solchen hergestellt wurden, außerdem Produkte mit neuartiger Molekularstruktur, neuartige Produkte aus Mikroorganismen, Pilzen oder Algen, Produkte aus Bestandteilen von Pflanzen und Tieren, die bisher nicht zum Verzehr bestimmt waren, und Lebensmittel, die mit einem neuartigen Verfahren hergestellt wurden, das zur wesentlichen Änderung des Endproduktes führt. Sie sind zulassungspflichtig und ausführlich in der EU-Novel-Food-Verordnung definiert. Lebensmittelzusatzstoffe, Aromen und Extraktionslösemittel sind explizit ausgenommen. Bei Novel-Food-Produkten muss der Hersteller nachweisen, dass die Produkte keine Gefährdung des Verbrauchers mit sich bringen und dass ihr Verzehr keine Ernährungsmängel verursacht
Westpolen	gemeint sind hier die Woiwodschaften, Lebuser Land (Lubuskie, Hauptstadt: Gorzów Wlkp. / Landsberg), Westpommern (Zachodniopomorskie, Hauptstadt: Sczecin / Stettin), Niederschlesien (Dolnoslaskie, Hauptstadt: Wroclaw / Breslau) und Großpolen (Wielkopolskie, Hauptstadt: Poznán / Posen)

Abkürzungen

AIF	Arbeitsgemeinschaft industrieller Forschungsvereinigungen
AMG	Arzneimittelgesetz
ATB	Institut für Agrartechnik Bornim, Potsdam
BfR	Bundesinstitut für Risikobewertung
BIP	Bruttoinlandsprodukt
BMB+F	Bundesministerium für Bildung und Forschung
BMVEL	Bundesministerium für Verbraucherschutz, Ernährung und Landwirtschaft
BMWA	Bundesministerium für Wirtschaft und Arbeit
CCP	Critical Control Point
DGE	Deutsche Gesellschaft für Ernährung
DIfE	Deutsches Institut für Ernährungsforschung Potsdam-Rehbrücke
DIW	Deutsches Institut für Wirtschaftsforschung
ECTS	European Credit Transfer System
FH	Fachhochschule
FhG	Fraunhofer Gesellschaft
FU	Freie Universität
FuE	Forschung und Entwicklung
GLP	Good Laboratory Practice
GMO	Genetisch Modifizierte Organismen
GMP	Good Manufacturing Practice
HACCP	Hazard Analysis and Critical Control Points
HGF	Helmholtz Gemeinschaft der Forschungszentren
HU	Humboldt-Universität
IASP	Institut für Agrar- und Stadtökologische Projekte an der Humboldt-Universität, Berlin
IFS	International Food Standard
IGV	Institut für Getreideverarbeitung
IGZ	Institut für Gemüse- und Zierpflanzenbau Großbeeren-Erfurt, Großbeeren
LChG	Lebensmittelchemische Gesellschaft
LEH	Lebensmittel-Einzelhandel
LMBG	Lebensmittel- und Bedarfsgegenständegesetz
LMU	Ludwig-Maximilian-Universität München
LVL	Landesamt für Verbraucherschutz und Landwirtschaft Brandenburg, Ruhlsdorf
MLUR	Ministerium für Landwirtschaft, Umwelt und Raumordnung, Potsdam
MPG	Max-Planck-Gesellschaft
MPI	Max-Planck-Institut
OTC	over the counter (nicht verschreibungspflichtige Produkte in Apotheken)
PCR	Polymerasekettenreaktion (eine molekularbiologische Arbeitstechnik)
PET	Polyetylenterephtalat (Material für Plastikflaschen)
PTZ	Produktionstechnisches Zentrum der TU Berlin und der FhG
RITTS	Regional Innovation and Technology Transfer Studies
RKI	Robert Koch Institut
TFH	Technische Fachhochschule
TSB	Technologiestiftung Innovationszentrum Berlin
TU	Technische Universität
TUM	Technische Universität München
WGL	Wissenschaftsgemeinschaft Gottfried Wilhelm Leibniz e.V.
ZEW	Zentrum für Europäische Wirtschaftsforschung

Quellen

[1]Pfeiffer, I., Ring, P., RITTS Stage I – Report, Geschäftsfeld Ernährung, Analysebericht, TSB, 1998

[2]Pfeiffer, I., Ring, P., Entwicklungspotential des Ernaehrungsgewerbes in Berlin-Brandenburg DIW Berlin, Wochenbericht 12/98, Berlin 1998

[3]FuE-Datenreport 2001, Forschung und Entwicklung in der Wirtschaft 1999-2000, ISSN- 0720-2776, Wissenschaftsstatistik GmbH im Stifterverband für die Deutsche Wissenschaft, Essen 2002

[4]Rammer, C., Ebeling, G., Gottschalk, S., Janz, N., Peters, B., Schmidt, T., Innovationsverhalten dr deutschen Wirtschaft, Indikatorenbericht zur Innovationserhebung 2002, ZEW, Mannheim, März 2003

[5]ZEW Branchenreport Innovationen, Innovationsreport: Ernährung und Tabak, Jahrgang 10 Nr. 1, Mannheim, Mai 2003

[6]Forschungs- und Entwicklungs-Monitor Baden-Württemberg, Materialien und Berichte Heft 32,Statistisches Landesamt Baden-Württemberg, Stuttgart, 2002

[7]Fölsch, V., Garloff H., (Hrsg), Handbuch Produktentwicklung Lebensmittel, Behr's Verlag, Hamburg ISBN3-86022-186-8, Loseblattwerk, 1995 - 2001

[8]Handbuch Produktentwicklung Lebensmittel – Innovationen, Behr's Verlag, Hamburg ISBN3-86022-650-9, Loseblattwerk, 2000 - 2003

[9]Erbersdobler,H.F., Meyer, A.H., (Hrsg) Praxishandbuch Functional Food, Behr's Verlag, Hamburg 1999-2003

[10]Klassifikation der Wirtschaftszweige mit Erläuterungen, Statistisches Bundesamt 1993

[11]Ernährungsbericht 2000, herausgegeben von der DGE im Auftrag des Bundesministeriums für Gesundheit und des Bundesministeriums für Ernährung, Landwirtschaft und ForstenFrankfut am Main, 2000

[12]Statistisches Jahrbuch 2003, Statistisches Bundesamt, Wiesbaden, 2003

[13]Statistisches Landesamt Baden-Württemberg, Datenangebot via Internet verschiedene Fundstellen unter http://www.statistik.baden-wuerttemberg.de/

[14]Statistisches Bundesamt, Wiesbaden, 2003, Umsatz- und Beschäftigtendaten der Fachserie 4, Reihe 4.1.1. des Zeitreihenservice des statistischen Bundesamtes, Datenstand: 25.04.2003

[15]Statistisches Jahrbuch Berlin 2003, Statistisches Landesamt, Berlin, 2003

[16]Statistisches Jahrbuch Brandenburg 2003, Landesbetrieb für Datenverarbeitung und Statistik, Potsdam, 2003

[17]Statistischer Bericht E I 1 – j,Verarbeitendes Gewerbe, Bergbau und Gewinnung von Steinen und Erden 2002, Statistisches Landesamt Baden-Württemberg, Stuttgart, 2003

[18]Liebenau, B.-J., Auslandsumsätze des verarbeitenden Gewerbes in Berlin 1991 bis 2000, statistische Monatsschrift 12/01, Statistisches Landesamt Berlin, Berlin, 2001

[19]Statistisches Jahrbuch 2003, Land Brandenburg, Landebetrieb für Datenverarbeitung und Statistik Brandenburg, Potsdam 2003

[20]Statistisches Landesamt Berlin, Sonderauswertung für die TSB vom Dezember 2001, Berlin, 2001

[21]Landesbetrieb für Datenverarbeitung und Statistik, Sonderauswertung für die TSB vom Dezember 2001, Potsdam, 2001

[22]Turco, G., Organic Food – An Opportunity, At Whose Expense?, Industry Note 043-2002, Rabobank International, Sydney 2002

[23]Voorbergen, M., The US Nutraceutical Supplements Market, Industry Note 015-2001, Rabobank International, Utrecht 2001

[24]Bergmann, J., Nahrungsergänzungsmittel, Vortrag der GWUP, Berlin, 02.10.2003

[25]Verhoeff, R., M&A in the food industry: the beat goes on, Industry Note 056-2002, Rabobank International, 2002

[26]Statistisches Landesamt Berlin, Sonderauswertung für die TSB im Rahmen dieser Studie vom Dezember 2003, Berlin 2003

[27]Landesbetrieb für Datenverarbeitung und Statistik, Potsdam, Sonderauswertung für die TSB vom Dezember 2003, bezogen über (26), 2003

[28]Pfeiffer, I., Ring, P., Asperger, T., Steinke, H., Herzog, M., Das verarbeitende Gewerbe Berlins im Strukturwandel, Tätigkeitsprofil und Verflechtung mit dem Dienstleistungssektor, DIW, Regioconsult, Berlin Regioverlag, 2002

[29]Devin, B., Wachstumsfaktor Innovation, S.8, in (8)

[30]A.C. Nielsen/Ernst&Young, New Product Introduction, 1999, zitiert nach (29)

[31]neben den wissenschaftlichen Quellen und Informationen von Nestlé ist das Produkt ausführlich beschrieben von Meyer, J., Goerges, S., Nestlé Deutschland in (8)

[32]neben den wissenschaftlichen Quellen und Informationen von Unilever ist das Produkt ausführlich beschrieben von Börries,G., becel – Unilever Bestfoods Deutschland GmbH in (8) und im Zulassungsbescheid gem. Novel-Food-Verordnung (Amtsblatt der EU, L200, S.59-60 vom 08.08.2000, wissenschaftliche Stellungnahme von der GD Verbraucherschutz veröffentlicht am 6.4.2000, Aktenzeichen SCF/CS/NF/DOS/1 FINAL)

[33]Devin, B. Berentzen Gruppe AG, in (8)

[34]Garloff, H. Technische Produktentwicklung, in (7)

[35]Weis, H.C., Marketing, Kiehl-Verlag, Ludwigshafen, 10. Auflage 1997, S. 190 ff.

[36]Devin, B., Entwicklung neuer Produkte und begleitende Marktforschung, in (8)

[37]Menrad, K., Strategien zur Verbesserung der Innovationsfähigkeit kleiner und mittelständischer Unternehmen des Lebensmittelindustries, Frauhofer ISI, Referat zur 41. Jahrestagung der Gesellschaft für Wirtscahfts- und Sozialwissenschaften des Landbaus e.V., Braunschweig, 8.-10.10.2001

[38]Greif, S., Schmiedl, D., Patentatlas Deutschland, Ausgabe 2002, Deutsches Patent- und Markenamt (Hrsg.), München, 2002

[39]PATDPA via TSB DPMA/FIZ-Karlsruhe Abfrage vom 12.02.2003 nach dem Wort BERLIN im Anmelder bzw. Erfinderfeld. Gesucht wurde für die Patentklassifikationen A21, Backen/Lebensmitteltechnologie, A22 Metzgerei/Fleischverarbeitung und A23 Lebensmittel soweit nicht in anderen Klassen und eingeschränkt auf die Jahre 1996 bis 2003

[40]www.pizzatest.de

[41]Spiekermann, U., Ernährungstrends und Esskultur, Analyse, Erfahrungen und Folgerungen, Beitrag zur Fortbildungsveranstaltung „Ernährungstrends und Esskultur. Die Ernährung im 21. Jahrhundert: Herausforderungen für den Nahrungszubereitungsunterricht", Esslingen, 25.04.-27.04.2001

[42]Wendt, H., Hoper, U., Schmidt, C., Zur Situation der Ernährungswirtschaft in Deutschland 1997, Agrarwirtschaft 46, 1997, 371-384, hier 378, zitiert nach (41)

[43]Faktenbericht Forschung 2002, Bundesministerium für Bildung und Forschung, Bonn, 2002

[44]Von 549 Projekten aus den Leistungsplansystematiken „Sonstiges zur ökologischen Forschung für Agrarlandschaften, Integrierter Umweltschutz in der Ernährungsindustrie, Produktionsintegrierter Umweltschutz in der Landwirtschaft, Agrarökosystemforschung an repräsentativen Standorten, Ökologische Konzeptionen für landwirtschaftlich genutzte Böden, Integrierter Umweltschutz in der Verpackungsindustrie, Lebensweise, Ernährung und Umwelt, TSE-Diagnostik, BioChance, BioProfile, BioRegio, Leitprojekt Ernährung", hatten 168 Projekte mit einem Gesamtfördervolumen von 81 Mio. EUR zwischen 01.01.1995 und 30.09.2003 bei Sichtung der Projekttitel einen konkreten Bezug zu Lebensmitteln oder Ernährung, davon entfielen 23 Projekte mit einem Gesamtfördervolumen von 23 Mio. EUR auf die Region Berlin Brandenburg.

[45]Die Datenbank der BMBF-Auskunftsstelle beim Projektträger Jülich ist unter www.foerderauskunft.de öffentlich zugänglich.

[46]Büth, N.A.Wertewandel und Foodtrends in einer Welt der Gegensätze, in (8)

[47]Miegel, M. Das Ende des Individualismus in (8)

[48]Devin, B. Megatrends, Trends in Marketing und Handel, Verbrauchertrends in (8)

[49]Spiekermann, U. (2001), a.a.O., S. 18

[50]Tetra Pak GmbH, Wien, Pressemeldung, 17. April 2002

[51]Market availability of kosher and halal foods, Foodinfo Online FSTA Reports 13 January 2004, IFIS Publishing, Reading, 2004

[52]Spiekermann, U., (2001), a.a.O., S. 9

[53]Spiekermann, U., (2001) a.a.O., S. 16

[54]What's hot around the globe?, A.C. Nielsen Global Services, 2002

[55]The power of private label, A.C. Nielsen Global Services, 2002

[56]Singh, P., Brand New World, Manufactures's food brands battling private labels for consumer mind-share in the U.S., Industry Note 25-2001, Rabobank International, New York, 2001

[57]ermittelt aus den Umsatz- und Beschäftigtendaten der Fachserie 4, Reihe 4.1.1. des Zeitreihenservice des statistischen Bundesamtes, Datenstand: 25.04.2003

[58]Bergmann, K., (1999), Industriell gefertigte Lebensmittel, Hoher Wert und schlechtes Image? Schriftenreihe der Dr. Rainer Wild Stiftung, Springer Berlin – Heidelberg 1999, S. 9 - 15

[59]Bergmann, Karin (1999), a.a.O. S. 25 - 47

[60]insgesamt 4 amtliche Quellen, zitiert nach Marx, K., Marx Engels Werke, 23, 188

[61]Funktionelle Getränke – Alkoholfreies mit Zusatznutzen?, Verbraucher-Zentrale Nordrhein-Westfalen e.V., Düsseldorf, 2003

[62]Bergmann, K., (1999), a.a.O., S. 97

[63]Ammon, A., Bräunig, J., Lebensmittelbedingte Erkrankungen in Deutschland, Gesundheitsberichterstattung des Bundes, Robert Koch Institut (Hrsg.), Berlin, 2002

[64]Kuhnert, P., Lebensmittelrecht bei der Produktentwicklung, in (8)

[65]gefunden auf der Website eines Beratungsunternehmens mit Fokus auf lebensmittelrechtlichen Bestimmungen, (www.ks-info.de)

[66]EU-Amtsblatt L 31/1 vom 1.2.2002

[67]Gorny, D., EG-Basisverordnung und neues Lebensmittelgesetzbuch, in: Bennecke, D. (Hrsg.), Behr's Jahrbuch für die Lebensmittelwirtschaft 2004, Hamburg 2003, S.11.

[68]Gork, F-P, Global Quality System, A general guide to Quality System Requirements, Good Manufacturing Practice, CMCP-System, Food Safety Practice and HACCP-System in Airline Catering, LSG Hygiene Institute GmbH, Neu-Isenburg, 2nd Edition, 2002

[69]Kurth, L., Innovations fos safe food processing, Industry Note 014-2001, Rabobank International, Sydney, 2001

[70]Firmengeschichte der Neuform Reformhäuser, nachzulesen auf deren Website reformhaus.de

[71]Hess, U., Flick, E.M., (1991), Konsumentenverhalten in Bezug auf alternative Kostformen – Ergebnisse einer Repräsentativbefragung in Baden-Württemberg. Bundesforschungsanstalt für Ernährung, Eigenverlag, Karlsruhe. Zitiert nach (58)

[72]Verordnung (EWG) Nr. 2092/91 des Rates vom 24.6.1991 über den ökologischen Landbau und die ebntsprechende Kennzeichnung der landwirtschaftlichen Erzeugnisse und Lebensmittel

[73]Bio-Siegel Report 03/2003, BMVEL (Hrsg), Berlin 2003

[74]Verzeichnis der zugelassenen Kontrollstellen, BMVEL, Berlin 2003

[75]Bewertung von Lebensmitteln verschiedener Produktionsverfahren, Statusbericht 2003 der Senatsarbeitsgruppe „Qualitative Bewertung von Lebensmitteln aus alternativer und konventioneller Produktion" des Senates der Bundesforschungsanstalten im Geschäftsbereich des BMVEL

[76]Der unter (75) genannte Bericht des Senates der Bundesforschugsanstalten enthält eine umfangreiche Literatursammlung und –auswertung zu komplementären Verfahren.

[77]Schneider, M., Mythen der Landwirtschaft, Argumente für eine ökologische Agrarkultur, Schweisfurth-Stiftung, 2. erweiterte Auflage, 2001

[78]Schweisfuth, K.L., Gottwalt, F.-T., Dierkes, M., Wege zu einer nachhaltige Agrar- und Ernährungskultur, Leitbild für eine zukunftsfähige Lebensmittelerzeugung und –vermarktung, Schweisfurth-Stiftung, München, 2002

[79]ZMP Zentrale Markt- und Preisberichtstelle für Erzeugnisse der Land-, Forst- und Ernährungswirtschaft GmbH, Bonn, www.zmp.de

[80]BMVEL, 2003, Stand der Angaben: 31.12.2002

[81]BMVEL, 2003

[82]Schrot & Korn spezial, Juli 2001, zitiert nach oekolandbau.de

[83]ebd.

[84]Ökologie & Landbau, 121, 1/2002, S. 2, zitiert nach oekolandbau.de

[85]Wendt, H.; Di Leo, C.; Jürgensen, M., Willhöft, C., Der Markt für ökologische Produkte in Deutschland und ausgewählten europäischen Ländern: derzeitiger Kenntnisstand und Möglichkeiten künftiger Verbesserungen der Marktinformation. - Angewandte Wissenschaft, H. 481, 162 S. Münster-Hiltrup 1999

[86]Dialego: Künast-Öko-Kennzeichen-Studie, Dezember.2001, zu finden unter www.dialego.de

[87]Alle hier zitierten Daten sind zitiert nach dem Informationsportal oekolandbau.de. Die Daten aus dem LEH stammen aus unterschiedlichen Panels

[88]Daten zum Segment Milch von oekolandbau.de stammen aus dem AC-Nielsen Panel., das A.C. Nielsen für die ZMP und die CMA mit Sacannerkassendaten aus 700 Einzelbetrieben des gesamten des LEH außer ALDI durchführt. ALDI-Umsätze sind nicht enthalten, da ALDI nicht mit A.C. Nielsen zusammenarbeitet.

[89]Daten zu den Segmenten Obst, Gemüse und Fleisch bei oekolandbau.de stammen aus dem GFK-Frischepanel, das die GFK für ZMP und CMA durchführt. 5.000 Konsumente notieren ihre Einkäufe. Aus methodischn Gründen geht man davon aus, dass der tatsächliche Absatz (konventionell wie öko) ca. 1/3 höher ist als gemessen und hier angegeben.

[90]Agrarbericht 2003, Lage der Land- und Ernährungswirtschaft des Landes Brandenburg, Ministerium für Landwirtschaft, Umwelt und Raumordnung, Potsdam 2003

[91]Bericht der Enquetekommission „Zukunftsfähiges Berlin" des Abgeordnetenhauses von Berlin, 13. Wahlperiode, Berlin, 1999

[92]Dienel, W., Realität und Perspektiven regionaler Bio-Vermarktung in Berlin-Brandenburg, biopress Nr. 30, Berlin, 2002

[93]Meyer, A.H., Recht, in (9)

[94]Ringel Heller, I. , Taniguchi, Y., Lobstein T., Functional Food: Public Health Boom or 21st. century Quackery? Silverglade, S., Jacobson, M. (eds.) International Association of Consumer Food Organizations, 1999, veröffentlicht bei CSPI: http://www.cspinet.org/reports/functional_foods/index.html

[95]Vorlage der Kommission: KOM (2003) 424 endgültig, Brüssel, 16.07.2003

[96]zitiert nach: (9)

[97]GIM argo GmbH Marketingforschung und Innovationsmanagement, Grundlagenstudie „Food Trends", Hamburg Mai/ Juni 2003, Hervorhebung im Original

[98]Hahn, A., Nahrungsergänzungsmittel, Wissenschaftliche Verlagsgesellschaft, Stuttgart, 2001, S. 43

[99]Trautwein, E.A., in (9)

[100]Ragotzky, K., in (9)

[101]Jakobasch, A., Dongowski, G., in (9)

[102]Van Loo, J., in (9)

[103]Engelhardt, U., in (9)

[104]Schwarz, K., in (9)

[105]Schweigert, F.J, in (9)

[106]de Vreese, M., Schrezenheimer, J., in (9)

[107]Holm, F. New functional food ingredients, Cardiovascular healt, Food Group Denmark, sythesis report of the flair-flow project, disseminating the results of EU funded food research programmes, veröffentlicht unter www.flair-flow.com.

[108]Alle Zitate von http://www.kohlsuppenkapsel.com

[109]Gusko, M., Hamm, M., in (9)

[110]DGE aktuell 09/2002 vom 12./13.11.2002, Functional Food - Gesundheit zum Essen?

[111]Heiss, R. (Hrsg.), Lebensmitteltechnologie, Biotechnologische, chemische, mechanische und thermische Verfahren in der Lebensmittelverarbeitung

[112]Handwerk in Zahlen, Handwerkskammer Berlin, Berlin, 2003

[113]Zvanenberg, A., Consolidation in the dairy industry - a new merger, acquisition or alliance every 2,5 days, Industry Note 017-2001, Rabobank Utrecht 2001

[114]Zur Wettbewerbsfähigkeit der Deutschen Milchwirtschaft, Gutachten des wissenschaftlichen Beirates beim BML, Abgeschlossen im Januar 2000, Bonn, 2000

[115]Nielsen Media Research, Hamburg, Stand 30.11.2003

[116]Messe zieht positive Bilanz der Grünen Woche, Berliner Morgenpost vom 25.01.04

[117]Statistisches Jahrbuch 2001, statistisches Landesamt Berlin, Kulturbuch Verlag, Berlin, 2001

[118]Agrarbericht 2002", Lage der Land- und Ernährungswirtschaft des Landes Brandenburg, Ministerium für Landwirtschaft, Umwelt und Raumordnung, Potsdam 2002"

[119]Riester R., Hofmann, T., Weiler, T., Waibel, S., Marktwirtschaftliche Erzeugerberatung, Loseblattsammlung, Landesanstalt für Entwicklung der Landwirtschaft, Schwäbisch Gmünd, 2001, online unter: http://www.infodienst-mlr.bwl.de/ la/lel/llm/meb/start.htm

[120]Regionale Landwirtschaftliche Gesamtrechnung nach ESVG 1995, statistisches Landesamt Baden-Württembeerg, Stuttgart, 2002

[121]Statistisches Bundesamt, Statistisches Jahrbuch für die Bundesrepublik Deutschland 2001, Wiesbaden, 2001, Metzler-Poeschel, ISBN 3-8246-0640-2

[122]Erste Ergebnisse der Studie „Situation und Perspektiven der Erzeugerorganisationen im Land Brandenburg", Landesamt für Verbraucherschutz und Landwirtschaft, Ruhlsdorf, 2003, veröffentlicht im Internet unter: http:// www.brandenburg.de/land/mlur//l/gartenb/situ_ezo.htm

[123]Amsinck, C., Vortrag bei der Deutsch-Polnischen Lebensmittelfachkonferenz, 26/27.11.2002, Frankfurt/Oder

[124]zitiert nach (123)

[125]Land- und Ernährungswirtschaft in Polen im Hinblick auf die Integration in die Europäische Union, Ministerium für Landwirtschaft und ländliche Entwicklung, Warschau, 2002

[126]Beer, S., Branchenskizze Ostdeutsches Lebensmittelindustrie, in: Wirtschaft im Wandel 7/1999, S. 20-21, IWH, Halle, 1999

[127]DIW, REGIOCONSULT, Die Osterweiterung der Europäischen Union, Neue Chancen für die Berliner Wirtschaft, Investitionsbank Berlin (Hrsg.), Regioverlag, Berlin 2003

[128]EU-Erweiterung eher Chance oder Risiko für deutsche Bauern?, Pressemeldung des DBV vom 27.03.2003

[129]alle Angaben von der Website der Woiwodschaft: http://www.lubuskie.pl

[130]10 Jahre Revolution im polnischen Hochschulsystem, Ursachen und Folgen, Vortrag von Prof. A. Jamiolkowski, Präsident der polnischen Akkreditierungskommission in der Botschaft der Republik Polen, Berlin 18.12.2003, Informationen über Studentenzahlen, Hochschulzahlen und Studiengebühren sind diesem Vortrag entnommen.

[131]Neumann, R.. Bunte Mischung, Zitationsvergleich Ernährungsforschung 1998 – 2000, Laborjournal 11/2003, S. 46-49

[132]Herrmann, A., Heizl, J., Melzer, A., Memorandum zur Zukunft der Agrar und Forstwissenschaften in Bayern. Technische Universität München, 1.10.1997

[133]Perspektiven der Ernährungswissenschaft aus soziologischer Sicht, Barlösius, E. in Schönberger, G.U., Spiekermann,

U. (Hrsg.) Die Zukunft der Ernährungswissenschaften, Schriftenreihe der Dr. Rainer Wild-Stiftung, Springern, Berlin-Heidelberg-New York, 2000

[134]Auf dem Weg zu den Agrarwissenschaften 2010, Begrüßungsansprache des Präsidenten der TU München, Prof. W.A. Herrmann zur Zukunftskonferenz Agrarwissenscahften am 15/16.11. 2002 auf Gut Sonnhausen bei Glonn, TU München, 2002

[135]TU Berlin, Medieninformation Nr. 249 - 3. Dezember 2002

[136]Humboldt-Uni baut jede fünfte Stelle ab, Aus für das Fach Landwirtschaft, Tagesspiegel vom 17.10.2003

[137]Warum muss Berlin Bauern ausbilden? Tagesspiegelinterview mit derm Dekan der LGF, Prof. Nagel, Tagesspiegel vom 19.11.2003

[138]DBV gegen Schließen von Agrarfakultäten, Deutscher Bauernverband, 9.12.2003

[139]Nicht auf das Zukunftweisende verzichten - Agrarfakultät nicht in Frage stellen, Pressemeldung Ministerium für Landwirtschaft Umwelt und Raumordnung, Potsdam 10.11.2003)

[140]Alle Angaben aus Interviews und aus dem Jahresbericht 2001/2002 des DIfE

[141]Wissenschaftsrat, Pressemeldung Nr. 18/98

[142]Wissenschaftsrat, Pressemitteilung 12/99

[143]Stellungnahme zum Institut für Gemüse- und Zierpflanzenbau, Großbeeren/Erfurt, Wissenschaftsrat, 19.01.2001, Drs. 4750/01

[144]Zukunftagentur Brandenburg, Die Ernährungswirtschaft in Brandenburg. Wo Markt und Know-how aufeinandertreffen, Ministerium für Wirtschaft des Landes Brandenburg (Hrsg.), Potsdam, 2000

[145]IASP Berlin, 2003,: Studie im Auftrag der Stadt Werder, vorgestellt beim Auftritt der Stadt Werder auf der Grünen Woche am 20.01.2004

[146]Rehner, G., Daniel, H., Biochemie der Ernährung, Spektrum, Heidelberg-Berlin, 2002, S. 193 ff.

[147]Zahlen aus aus verschiedenen Umfragen, zitiert nach (58), S. 10 und 55